Kumm
Gezeitenkunde

Werner Kumm

Gezeiten-kunde

Theorie und Praxis

Klasing & Co GmbH

Von Werner Kumm erschienen in der Yacht-Bücherei folgende Titel:

Nr. 88 „Astronomische Navigation“ (Stein/Kumm)
Nr. 91 „Navigation leicht gemacht“ (Stein/Kumm)
Nr. 101 „Gezeitenkunde“

Die Deutsche Bibliothek – CIP-Einheitsaufnahme

Kumm, Werner:
Gezeitenkunde : Theorie und Praxis / Werner Kumm. –
Bielefeld : Klasing, 1992
(Yacht-Bücherei ; Bd. 101)
ISBN 3-87412-141-0
NE: GT

Zeichnungen: Werner Kumm/Ekkehard Schonart
Titelfoto (Baltrumer Watt): Helmut Jahn
Umschlaggestaltung: Ekkehard Schonart
Gesamtherstellung: Ludwig Auer GmbH, Donauwörth

Printed in Germany 1992

Inhaltsverzeichnis

Einleitung

Viele Sportschiffer werden, nach ihrem Lieblingsfahrtgebiet gefragt, die Ostsee oder das Mittelmeer nennen. Und Nordfrankreich, die Kanalinseln oder unsere heimische Nordsee? „Ist mir viel zu kompliziert, zu gefährlich, alles viel zu sehr reglementiert."

Nun ist es sicher richtig, daß vor Weser und Elbe nicht mehr die Verhältnisse wie bei Robinsons Eiland herrschen, wo etwa alle 20 Jahre ein Schiff vorbeikam. Sicherlich hat uns die wohl von niemandem ernsthaft in Frage gestellte Notwendigkeit des Umwelt- und Naturschutzes unseren Freiraum eingeengt; in Zone 1 muß man eben zum Beispiel bestimmte zeitliche Einschränkungen beachten. Schließlich ist es unbestritten, daß es nicht so ganz einfach ist, mit dem zum Teil erheblichen Strom fertig zu werden. Wir brauchen dazu gar nicht die fünf und mehr Knoten am Cap de la Hague* zu bemühen.

Ganz unbegründet sind die Einwände also wohl nicht. Aber ist es nicht trotzdem ein wenig verwunderlich, daß deutsche Segler recht selten an der Kanalküste anzutreffen sind? Daß sie, vor die Wahl gestellt, die Nordsee eher meiden? Ich weiß - Helgoland. Da nimmt man sogar in Kauf, im Päckchen zu liegen. Aber die rote Insel ist eine Ausnahme.

Bevor Sie mich fragen, wie Sie Ihr Boot in der kurzen Urlaubszeit zur Ile de Batz bringen sollen, wollen wir diese abendfüllende Diskussion lieber abbrechen. Vielleicht kann ich Sie aber doch etwas für diese schönen Fahrtgebiete motivieren und Ihre möglichen Vorbehalte etwas abbauen. Ob Sie nun als erfahrener Segler die Kanalküsten erkunden wollen oder ob Sie sich bei etwas weniger Routine einmal in unsere Wattreviere trauen: Das A und O dabei sind solide Kenntnisse der Gezeiten. Dazu soll Ihnen dieses Buch verhelfen. Es versucht, Sie auf einfache und anschauliche Weise in die Materie einzuführen, ohne dabei aber zu einer „für den Sportseeschiffer ausreichenden" Betrachtung zu verflachen. Insbesondere erschöpft sich die Darstellung nicht in der Behandlung höchstens theoretisch interessanter

---

* Nordfrankreich, Normandie.

Fragestellungen. Vielmehr werden gerade die in der Praxis auftretenden Probleme, wie das Passieren eines Wattenhochs oder einer Barre oder das Trockenfallen, besonders angesprochen.
Ein eigener Abschnitt ist der Anwendung französischer und britischer Gezeitenunterlagen gewidmet.
Für den Computer-Fan ist das Kapitel „Taschenrechner und Gezeiten" gedacht. Es werden darin die aktuellen Möglichkeiten des Taschenrechner-Einsatzes auf dem Gezeitensektor diskutiert. Eine Reihe von Programmen zeigt die Möglichkeiten für den Bordgebrauch auf, bis zur eigenen Vorausberechnung der Gezeiten. Die abgedruckten Programme sind relativ einfach und überschaubar. Es ist aber zu beachten, daß Autor und Verlag keine gesetzliche Haftung für nicht sachgemäßen Einsatz oder für Fehler übernehmen, die sich unter Umständen trotz sorgfältiger Prüfung noch in den Programmen befinden können.
Auch der Berufsnautiker kann das Buch mit Vorteil benutzen, da es zur Zeit in der Fachliteratur keine deutschsprachige spezielle Einführung in die Gezeiten gibt, die sich auf aktuellem Stand befindet.
Es wird natürlich vorausgesetzt, daß Sie die erforderlichen seemannschaftlichen, rechtlichen, navigatorischen und auch meteorologischen Grundkenntnisse besitzen, die zum Führen eines Sportfahrzeuges erforderlich sind. Wir sprechen also nicht mehr über Ankermanöver, Lichterführung oder das Absetzen von Kursen in der Seekarte. Hier geht es um Besonderheiten für das Befahren von Gezeitengewässern.
Eine Reihe von Übungsaufgaben soll Ihnen beim Durcharbeiten des Buches helfen. Für das Lösen der Aufgaben und das Verfolgen des Textes genügen die im Anhang und im Text abgedruckten Auszüge und der beigefügte Kartenausschnitt.
Und nun viel Erfolg und vor allem auch viel Spaß beim Durcharbeiten oder auch nur Durchlesen des Buches!

Bremen, im Sommer 1992

Boot und Ausrüstung

Bevor wir zu den Gezeiten selbst kommen, sollten wir zunächst einige Vorbemerkungen zum Boot und dessen Ausrüstung und auch zu den nautischen Unterlagen machen. Wie bereits in der Einleitung angesprochen, beschränken wir uns dabei auf Besonderheiten für das Befahren von Gezeitengewässern.

Bitte erwarten Sie jetzt keine Liste vom Plattbodenboot oder Kimmkieler über Katamaran und Kielschwerter bis hin zur mehrere Meter tiefgehenden Kielyacht und dabei jeweils Vor- und Nachteile für das Befahren von Gezeitengewässern. Wenn ich mir ein eigenes Boot zugelegt habe, dann muß ich das schon wegen des inneren Seelenfriedens für das beste halten. Und was heißt „Gezeitengewässer"? Plane ich einen großen Törn zu den Kanalinseln, oder fasziniert mich das Wattenmeer vor der schleswig-holsteinischen Westküste? Im ersten Fall wäre es günstig, wenn ich eine zuverlässige und starke Maschine habe, mit der ich auch noch gegen mehrere Knoten Strom andampfen kann. Beim Fahren im Wattenmeer sind der Tiefgang und die Frage, ob mein Boot gut trockenfällt*, ganz wesentlich**. Eine Diskussion um *das* Boot ist wenig sinnvoll. Entscheidend ist, *was* ich machen möchte und ob ich das mit meinem Boot realisieren kann.

Welche Besonderheiten gibt es bei der Ausrüstung? Wenn wir in einem *Tidenhafen* festmachen wollen, brauchen wir (je nach Tidenhub) sehr lange Leinen. Eine Länge von 15 bis 20 m ist nicht zuviel. Es sei denn, wir können an einem anderen Schiff, einem Schwimmsteg oder Ponton festmachen. Sehr bewährt haben sich *Fenderbretter* beim Festmachen an Dalben (Abb. 1, Seite 10).

---

* Wer nicht genau weiß, was das bedeutet, kann sich schon einmal die Bilder auf den Seiten 79, 80 und 81 anschauen.

** Natürlich gibt es auch auf den Kanalinseln trockenfallende Häfen.

1 *Verwendung eines Fenderbrettes.*

Im allgemeinen genügt *ein* Anker, da wir in der Regel ausreichend Platz haben und das Boot schwoien kann.

Ganz wichtig ist – wie sonst selbstverständlich auch – ein guter *Empfänger für Wetterberichte.* Ein üblicher *Weltempfänger* reicht aus. Will man die *Seewetterberichte der Küstenfunkstellen* empfangen, braucht man dagegen einen aufwendigeren *Einseitenbandempfänger.* Auf die hiermit zusammenhängenden Fragen kann nicht näher eingegangen werden. Hinweise zum Empfang spezieller Gezeiten-Informationen finden sich auch im Kapitel „Meteorologische Einflüsse und Zuverlässigkeit der Gezeitenangaben“ auf Seite 63.

Segeln oder motoren wir in Küstennähe oder auf den Revieren, dann ist eine *UKW-Sprechfunkanlage* sehr zu empfehlen. Allerdings benötigen wir dann

außer der Anlage auch das *Sprechfunkzeugnis.* Mit diesem System können wir einmal den *Revierfunk* und die Lagemeldungen der Radarketten mithören. Zum anderen können wir auch die *Radarberatung* in Anspruch nehmen, vorausgesetzt, die Radarzentrale übernimmt die Beratung. Das hängt von der aktuellen Situation ab und auch davon, ob unser Boot auf dem Bildschirm einwandfrei identifiziert werden kann. Einzelheiten zum UKW-Sprechfunk finden sich im *Sprechfunk für Küstenschiffahrt* und auch im *Jachtfunkdienst.*
Unentbehrlich ist ein *Lot.* Wir verwenden ein *Echolot,* das heute, wie die meisten elektronischen Navigationshilfen, relativ preisgünstig ist. Daneben brauchen wir unbedingt noch ein *Handlot* oder auch einen *Peilstock* mit entsprechenden Markierungen. Handlot oder Peilstock leisten gute Dienste, wenn wir uns trockenfallen lassen wollen. Wir können damit dann einfach die Wassertiefen rings um das Boot herum feststellen.
Als weitere Navigationshilfe empfehle ich Ihnen *Decca* oder *GPS. Radar* kann ebenfalls von großem Wert sein. Ganz besonders wichtig ist ein *Radarreflektor.* Wenn wir von den „Großen“ nicht rechtzeitig gesehen werden, dann kann unser Frankreichtörn sehr schnell und sehr viel anders zu Ende gehen, als wir uns das eigentlich gedacht hatten. Eine kleine Kaltfront, die vom Altantik herangesegelt kommt, beschert uns in kürzester Zeit mitten im Hochsommer den schönsten Nebel. Das heißt nun nicht, daß Sie sich alles, was auf dem Markt ist, auch kaufen sollen. Schon aus finanziellen Gründen wird man eine Auswahl treffen müssen. Vor allem sollten wir dabei auf die Sicherheit sehen.
Über „Besonderheiten der Navigation in Gezeitengewässern“ sprechen wir später noch ausführlicher (S. 68). Einzelheiten zu Decca, GPS und den anderen technischen Navigationsverfahren finden Sie z. B. in „Navigation leicht gemacht“ (Band 91 der Yacht-Bücherei).

Nautische Unterlagen

Wie schon im vorigen Kapitel, so wollen wir auch bei den nautischen Unterlagen nur über Besonderheiten und spezielle Hilfsmittel sprechen, soweit sie in unserem Zusammenhang von Bedeutung sind.
Zunächst ein Wort zu den *Seekarten.* In der Sportschiffahrt sind die handlichen *Sportbootkarten* sehr beliebt. Man kann sie inzwischen für sehr viele Seegebiete kaufen. So gibt es unter anderem deutsche, französische, britische, holländische Sportbootkarten.
Nicht alle diese Karten erscheinen in jedem Frühjahr neu und aktualisiert. Vor allem werden sie nicht berichtigt. Für die laufende Saison kommt man mit diesen Karten in der Regel klar, wenn man die neueste Ausgabe und nicht gerade fünf Jahre alte Karten benutzt. Im Grunde ist das wohl fast eine Frage der Weltanschauung. Ich persönlich würde allerdings – wie im professionellen Bereich zwingend vorgeschrieben – nur mit den amtlichen, bis zur letzten Ausgabe der *Nachrichten für Seefahrer* (NfS) berichtigten Karten zur See fahren.
Für das Befahren des Wattenmeeres würde ich mir unbedingt die aktuellen berichtigten Karten besorgen. Auf keinen Fall sollten Sie hier ältere Karten benutzen. Nach Baggerarbeiten, nach jedem Frühjahrssturm verändern sich die Wattfahrwasser. Betrachten Sie bitte als Beispiel die Abb. 2 und 3. Sie zeigen einen Teil des Weser-Elbe-Wattfahrwassers, und zwar 1984 und 1991. Ich glaube, die Abbildungen sprechen für sich.
Ganz wesentlich sind natürlich *Gezeitenunterlagen.* Für die europäischen Gewässer steht dazu der Band I der *Gezeitentafeln* des *BSH** zur Verfügung. Er erscheint im Herbst jeweils neu für das folgende Jahr. Schippern wir in der Deutschen Bucht oder z. B. auf Weser oder Elbe, dann könnten wir auch den *Tidenkalender* verwenden. Seine offizielle Bezeichnung lautet „Hoch- und Niedrigwasserzeiten für die Deutsche Bucht und deren Flußgebiete".

---

* Bundesamt für Seeschiffahrt und Hydrographie, früher DHI.

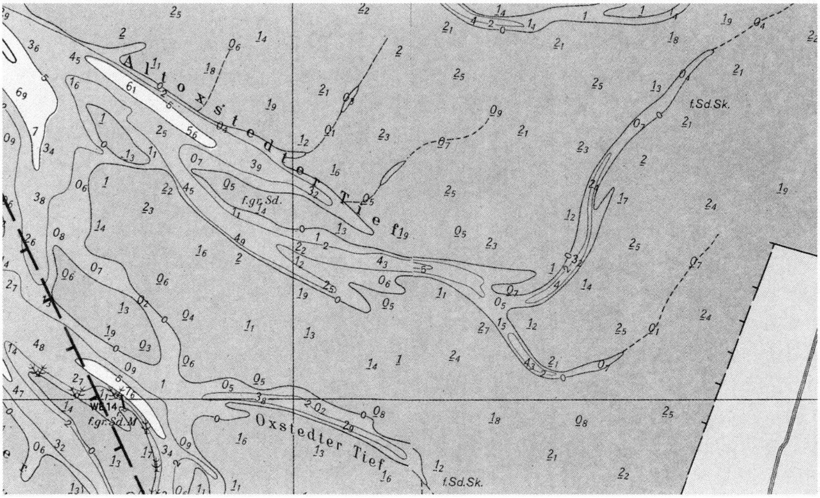

2 *Teil des Weser-Elbe-Wattfahrwassers 1984...*

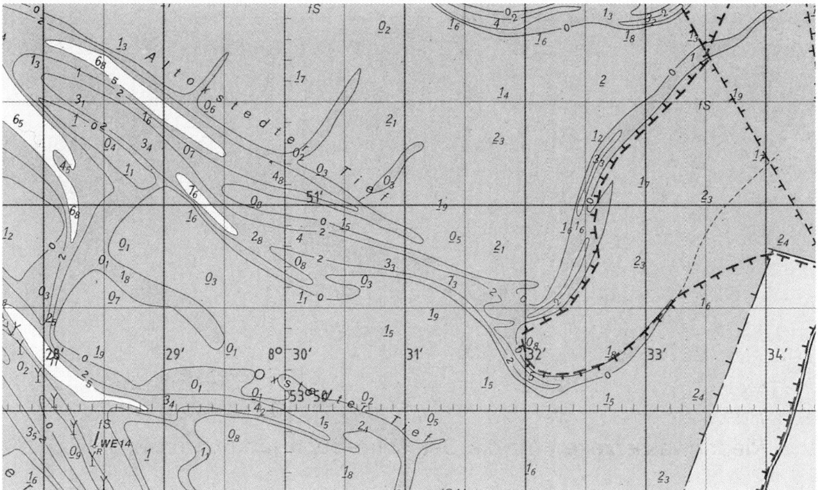

3 *... und 1991. (Abb. 2: Ausschnitt aus „Karten für die Sportschiffahrt" Nr. 3011, 1984; Abb. 3: Ausschnitt aus D 44, 1991.)*

Auch der Tidenkalender erscheint jedes Jahr neu. Allerdings fehlen in ihm, wie die Bezeichnung schon sagt, die Hoch- und Niedrigwasser*höhen.* Ferner enthält er nicht die sehr gut verwendbaren mittleren Tidenkurven. Für das Befahren weniger oder gar nicht bekannter Wattenreviere sollte man die Gezeitentafeln verwenden.
Über den Gezeitenstrom informiert der *Stromatlas* des BSH, offiziell „Atlas der Gezeitenströme für die Nordsee, den Kanal und die Britischen Gewässer". Für die Deutsche Bucht gibt es eine spezielle Ausgabe, den „Atlas der Gezeitenströme in der Deutschen Bucht", und, als Neuerscheinung, den Atlas „Der küstennahe Gezeitenstrom in der Deutschen Bucht". Schließlich wird vom BSH noch der Atlas „Die Strömungen in der Deutschen Bucht" herausgegeben. Dieser Atlas ist aber nur etwas für spezielle Anwendungen. Wollen wir in französischen oder britischen Gewässern segeln, ist zu überlegen, ob wir französische oder britische Unterlagen verwenden sollten. Auf solche Gezeitenunterlagen gehen wir noch auf Seite 94 ein.
Im Stromatlas finden wir keine Informationen zu den Gezeitenstromverhältnissen auf Flußrevieren. Diese Informationen finden sich in den *Seehandbüchern.* Seehandbücher orientieren sich an den Bedürfnissen der Berufsschiffahrt. Viele für den Sportseeschiffer wichtige Informationen werden wir daher nicht finden.
Für das Befahren von Gezeitengewässern – sei es unser heimisches Wattenmeer, das Seegebiet bei den Kanalinseln oder die schottische Westküste – empfehle ich Ihnen daher unbedingt noch entsprechende für die Sportschiffahrt herausgegebene *Führer.*
Nach diesen Vorbetrachtungen wollen wir uns nun aber den Gezeiten zuwenden. Wir beginnen mit der Beschreibung der Gezeitenerscheinungen und der Bestimmung wichtiger Gezeitengrößen.

Beschreibung der Gezeitenerscheinungen und Bestimmung wichtiger Gezeitengrößen

Bei den alten Germanen – oder richtiger: bei den alten Friesen, Chauken und Angeln – wollen wir unsere Gezeitenbetrachtungen nun nicht gerade beginnen. Ganz sicher haben aber auch sie schon recht gute Kenntnisse über diese Erscheinungen besessen. Wir haben es heute mit den entsprechenden technischen Hilfsmitteln natürlich viel einfacher. Das Steigen und Fallen des Wassers kann zum Beispiel mit automatisch arbeitenden *Pegelanlagen* (Abb. 4) verfolgt werden. Auf einem Registrierstreifen läßt sich dann der

4 *Pegelanlage. Die Registriereinrichtung befindet sich in dem auf dem Rohr angebrachten Kasten. Das kleine Schild im oberen Drittel der Meßlatte zeigt, daß der Wasserstand am 16./17. Februar 1962, 5,45 m über NN (Normalnull) betrug.*

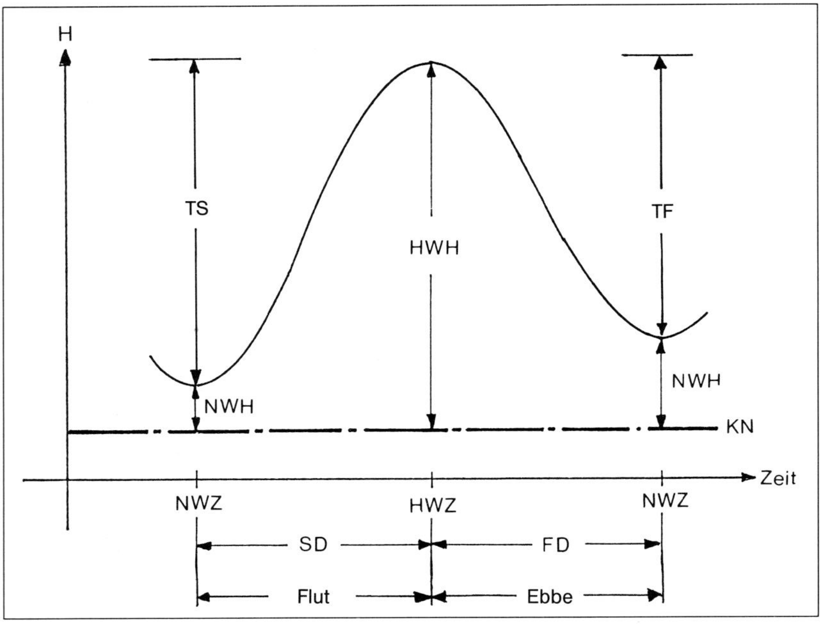

5 *Tidenkurve mit Bezeichnungen.*

Wasserstand in Abhängigkeit von der Zeit festhalten. Abb. 5 zeigt einen Ausschnitt aus einer solchen Aufzeichnung. Wir sehen, daß der Wasserstand von einem minimalen über einen maximalen Wert wieder auf einen minimalen Wert gefallen ist. Das Steigen des Wassers wird mit *Flut,* das Fallen mit *Ebbe* bezeichnet. Die höchsten und niedrigsten Wasserstände werden *Hochwasserhöhe* (HWH) und *Niedrigwasserhöhe* (NWH) genannt, die zugehörigen Zeiten *Hochwasserzeit* (HWZ) und *Niedrigwasserzeit* (NWZ).
Da wir gerade bei Definitionen sind, merken wir uns gleich noch folgendes (Abb. 5): Die Zeit von einer NWZ zur folgenden HWZ heißt *Steigdauer* (SD), die Zeit von einer HWZ zur folgenden NWZ *Falldauer* (FD). Dabei ändert sich der Wasserstand von der NWH zur HWH um den *Tidenstieg* (TS) und anschließend von der HWH zur NWH um den *Tidenfall* (TF). Das (arithmetische)

Mittel aus Tidenstieg und Tidenfall bezeichnet man als *Tidenhub** (TH). Der Wasserstand zu einem beliebigen Zeitpunkt zwischen Hochwasser (HW) und Niedrigwasser (NW) wird *Höhe der Gezeit* (H) genannt. Die zeichnerische Darstellung des Verlaufes des Wasserstandes zwischen einem NW über das HW bis zum NW (eine *Tide*) heißt *Tidenkurve.*
Ich glaube, hier machen wir erst einmal eine schöpferische Pause, sonst brechen Sie Ihre Gezeitenstudien vorzeitig ab. Damit sich die Begriffe etwas besser einprägen, versuchen wir, sie für ein konkretes Beispiel zu bestimmen.

Bestimmung der Gezeiten-Grundgrößen für Bezugsorte

Naheliegend wäre es, mit einem Ort in der Deutschen Bucht oder auf der Weser oder Elbe zu beginnen. Für einen ersten Einstieg sind aber die übersichtlicheren Verhältnisse an der nordfranzösischen Küste besser geeignet. Wir wählen daher Brest aus und fragen danach, wann und in welcher Höhe am 14. Juli 1991 in Brest HW und NW eintreten. Zur Beantwortung dieser Fragen benutzen wir die „Gezeitentafeln für das Jahr 1991 Band I Europäische Gewässer" des BSH. Auf S. 109 ist die erforderliche Seite aus diesen Tafeln abgedruckt. Am 14. Juli finden wir:

0036	1,0
0640	7,5
1259	1,2
1903	7,7

Offenbar bedeutet das, daß am 14. Juli in Brest um 00.36 das erste NW mit 1,0 m und das erste HW um 06.40 mit 7,5 m zu erwarten ist. Um 12.59 ist dann bei 1,2 m mit dem zweiten NW und um 19.03 bei 7,7 m mit dem zweiten HW zu rechnen.

---

* Bei der Bearbeitung unserer Probleme wäre der Tidenhub nicht erforderlich. Man kann ihn im Atlas der Gezeitenströme zur Korrektur der Stromstärke verwenden.

Was ergibt sich für SD, TS, FD, TF und TH? Wir suchen diese Größen für die Tide mit dem Vormittagshochwasser um 06.40. Die Steigdauer SD ist dann 06.40 – 00.36 = 6 Stunden 4 Minuten (06.04). Der Tidenstieg TS ergibt sich zu 7,5 m – 1,0 m = 6,5 m. Für Falldauer FD und Tidenfall TF erhalten wir 06.19 und 6,3 m. Der Tidenhub TH war festgelegt als Mittel aus Tidenstieg und Tidenfall, also (6,5 m + 6,3 m)/2 = 6,4 m.
Vermutlich haben Sie den Hinweis UTC + 1 h 00 min (MEZ) auf S. 109 unten schon etwas mißtrauisch betrachtet. Durch große Eindeutigkeit zeichnet er sich tatsächlich nicht aus. Gemeint ist, daß alle Zeitangaben in *Mitteleuropäischer* Zeit (MEZ) gemacht werden. Die MEZ unterscheidet sich von der *Weltzeit* (UTC: Universal Time Coordinated) um 1 Stunde. Nach MEZ ist es 1 Stunde später als nach UTC, daher die Angabe UTC + 1 h 00 min.
Wir müssen uns einprägen, daß alle Zeitangaben im Band I der Gezeitentafeln grundsätzlich in MEZ erfolgen. Es gibt damit in den Gezeitentafeln, im Gegensatz zum Tidenkalender, keine *Mitteleuropäische Sommerzeit* (MESZ). Da diese im Sommer aber verwendet wird, merken wir uns hier gleich, daß es nach MESZ eine Stunde später ist als nach MEZ. So ist 11.00 MESZ gleich 10.00 MEZ und 16.00 MEZ gleich 17.00 MESZ.
Eine weitere Frage ist Ihnen sicherlich auch schon gekommen: Was heißt eigentlich: Die HWH beträgt 7,5 m? 7,5 m von wo aus gerechnet? Da es sich hierbei um ein etwas verwickelteres Problem handelt, vertagen wir die genaue Erklärung erst einmal. Im Augenblick merken wir uns nur, daß man sich dabei auf einen besonders niedrigen Wasserstand, das sogenannte *Kartennull* (KN), bezieht. Das Kartennull ist in Abb. 5 (S. 16) als strichpunktierte Linie eingetragen.
Orte, wie unser Beispielort Brest, werden *Bezugsorte* (BZO) genannt (schon wieder eine Definition!). Für sie liegen für jeden Tag des Jahres vollständige Vorausberechnungen der Hoch- und Niedrigwasserzeiten und -höhen vor. Wollte man diese Angaben für jeden interessierenden Ort machen, würden die Gezeitentafeln viel zu umfangreich. Statt vollständiger Vorausberechnungen werden für die übrigen Orte *(Anschlußorte) Gezeitenunterschiede* (G.U.) angegeben, und zwar *Zeitunterschiede der Gezeit* (ZUG) und *Höhenunterschiede der Gezeit* (HUG). Man schließt die Anschlußorte also durch diese Werte an einen geeigneten Bezugsort an. Wie wir in diesem Fall die

Gezeiten-Grundgrößen bestimmen können, behandeln wir im nächsten Abschnitt.

Übungsaufgaben*

Zur Lösung der Aufgaben sind die Auszüge aus den Gezeitentafeln im Anhang A (S. 106 ff.) zu verwenden.

1. Der Tidenstieg ist
   a) die Zeit vom NW zum HW,
   b) die Änderung des Wasserstandes von der Niedrigwasserhöhe zur Hochwasserhöhe,
   c) ein anderer Name für den Tidenhub.
2. Wann und in welcher Höhe tritt am Nachmittag des 7. Juli 1991 in Bremerhaven das NW ein?
   Welche Zeit ergibt sich in MESZ?
3. Wann und in welcher Höhe tritt am 3. Juni 1991 in Brest vormittags das HW ein?
   Welche Zeit ergibt sich in MESZ?
4. Was ergibt sich am 17. Mai 1991 für TS, SD, TF, FD und TH für Büsum mit der Tide, die das Nachmittagshochwasser enthält?

Bestimmung der Gezeiten-Grundgrößen für Anschlußorte

Wir wählen als Beispiel den Anschlußort Nr. 977 Barfleur (S. 113) und versuchen, die Gezeiten-Grundgrößen wie bei Brest für den 14. Juli 1991 zu bestimmen.

* Die Lösungen der Übungsaufgaben finden Sie ab S. 130.

Die Angabe + 4 55 in der Spalte HW ist nach unseren obigen Überlegungen der Zeitunterschied der Gezeit (ZUG) zwischen dem Bezugsort Brest und dem Anschlußort Barfleur. Für Barfleur tritt das HW 4 Stunden 55 Minuten nach (+) dem HW Brest ein. Entsprechendes gilt für das NW. Wir erhalten demnach folgende HWZ und NWZ (die Zeiten für Brest können wir von unserem vorigen Beispiel übernehmen):

	NW	HW	NW	HW
Brest	00.36	06.40	12.59	19.03
Barfleur	+ 05.08	+ 04.55	+ 05.08	+ 04.55
Barfleur	05.44	11.35	18.07	23.58

Soweit ist die Rechnung noch leicht einsehbar. Wie bestimmen wir aber die HWH und NWH? In den restlichen vier Spalten finden sich offensichtlich die gesuchten Höhenunterschiede der Gezeit (HUG). Welche sollen wir aber verwenden? Was bedeuten die Abkürzungen SpHW, NpHW usw.?
Dazu betrachten wir zunächst einmal die Abb. 6 auf S. 21. Sie stellt die Tidenkurven für Brest für den gesamten Monat Juli 1991 dar. Es fällt auf, daß an einigen Tagen besonders hohe HW und niedrige NW auftreten. Man bezeichnet diesen Zeitraum als *Springzeit* (SpZ). An anderen Tagen sind dagegen die HW und NW wenig ausgeprägt, die HW sind relativ niedrig und die NW relativ hoch; an diesen Tagen herrscht *Nippzeit* (NpZ). Der zwischen Springzeit und Nippzeit liegende Zeitraum wird *Mittzeit* (MtZ) genannt. Man rechnet vier Tage SpZ, drei Tage MtZ, vier Tage NpZ, drei Tage MtZ, dann wieder vier Tage SpZ und so weiter; von Mitte SpZ bis Mitte der nächsten SpZ also 14 Tage. Etwas mehr Durchblick in diese eigenartigen Verhältnisse werden wir uns im Kapitel „Kleine Gezeitentheorie“ auf S. 31 verschaffen.
Sp und Np vor HW und NW bei den Angaben zu Barfleur sind also einfach Abkürzungen für Spring und Nipp. Demnach ist das *Springhochwasser* (SpHW, das HW zur Springzeit) 0,9 m niedriger (−) als das HW in Brest und das *Nipphochwasser* (NpHW) 0,6 m niedriger.
Wenn wir die HWH und NWH für Barfleur bestimmen wollen, muß erst einmal geklärt werden, welche Verhältnisse an dem betreffenden Tag herrschen, ob wir SpZ, NpZ oder MtZ haben. Dazu sehen wir uns noch einmal die

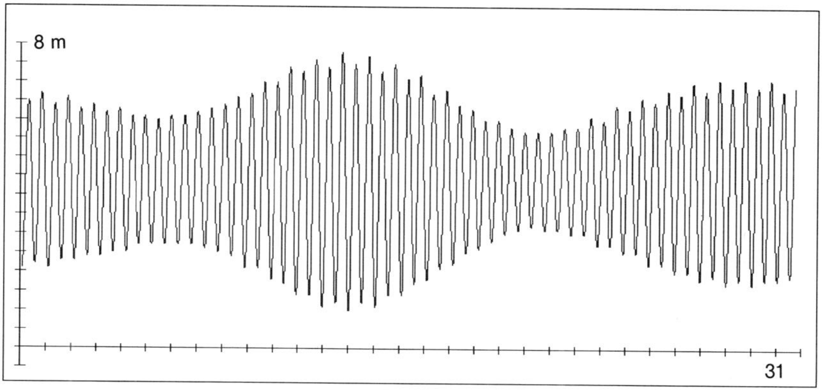

6 *Tidenkurven für Brest im Juli 1991.*

Gezeitenangaben für den Bezugsort Brest an. Schauen Sie sich speziell die Werte um den 14. Juli an. Hohe HW und niedrige NW treten um den 13. Juli herum auf, etwa vom 11. Juli bis zum 15. Juli. Am 14. Juli herrscht demnach Springzeit. Hohe HW und niedrige NW finden sich auch noch etwa in der Zeit vom 26. bis zum 30. Juli.

An welchen Tagen ist Nippzeit? Jetzt müssen Sie nach niedrigen HW und hohen NW suchen. Lesen Sie jetzt nicht weiter und versuchen Sie, die Ergebnisse selbst zu finden.

Vom 4. bis zum 8. Juli und vom 18. bis zum 22. etwa, müßten Sie herausbekommen haben. Wenn nicht, überlegen Sie noch einmal, wodurch die Nippzeit gekennzeichnet ist.

Wir halten fest, daß am 14. Juli 1991 in Brest und damit auch in Barfleur Springverhältnisse herrschen. Damit müssen wir die Werte in den Spalten SpHW und SpNW verwenden. Wir vervollständigen unsere Rechnung von Seite 20 und erhalten:

	NW		HW		NW		HW	
Brest	00.36	1.0 m	06.40	7.5 m	12.59	1,2 m	19.03	7,7 m
Barfl.	+ 05.08	−0,2 m	+ 04.55	−0,9 m	+ 05.08	−0,2 m	+ 04.55	−0,9 m
Barfleur	05.44	0,8 m	11.35	6,6 m	18.07	1,0 m	23.58	6,8 m

Kompliziert? Das größte Problem ist, glaube ich, die vertrackte Addition der Zeiten. Eine Stunde hat leider nicht 100, sondern nur 60 Minuten; da muß man am meisten aufpassen.
Welche HUG (zur Erinnerung: das waren Höhenunterschiede der Gezeit) hätte man bei Mittzeit verwenden müssen? Einfach die Mittelwerte aus den Spring- und Nippangaben. Beim HW also $(-0{,}9 + (-0{,}6))/2 = -0{,}75$, gerundet $-0{,}8$ m.
Die noch fehlenden Werte für die Steigdauer usw. haben wir schnell ermittelt. Wählen wir wieder wie bei Brest die Tide mit dem Vormittagshochwasser, so ergibt sich:

SD = 05.51
TS = 5,8 m
FD = 06.32
TF = 5,6 m
TH = 5,7 m

Zum Schluß dieses Abschnittes noch eine Anmerkung: Die geschilderte Methode, das *„Alter der Gezeit“* zu bestimmen – so nennt man die Ermittlung von SpZ, NpZ oder MtZ –, ist für die Praxis vollkommen ausreichend. Nach unserem Exkurs in die Gezeitentheorie auf Seite 31 behandeln wir noch ein etwas „offizielleres“ Verfahren, das zumindest formal immer eindeutige Ergebnisse liefert.

Übungsaufgaben

Zur Lösung der Aufgaben sind die Auszüge aus den Gezeitentafeln im Anhang A (S. 106 ff.) zu verwenden.

1. Welche Gezeitenverhältnisse (Alter der Gezeit) liegen vor
   a) am 14. Juni 1991 um 13.00 MESZ in Brest?
   b) am 9. Mai 1991 um 17.00 MESZ in Bremerhaven?
   c) am 7. Juli 1991 um 08.00 MESZ in Helgoland?

2. Bestimmen Sie TS, SD, TF, FD und TH am 29. Juli 1991 für Goury (Nr. 980) mit der Tide, die das Vormittagshochwasser enthält.
3. Wann und in welcher Höhe treten in Hörnum, Hafen (Nr. 624) am 22. Mai 1991 Hoch- und Niedrigwasser ein?
   Was ergibt sich für TS, SD, TF, FD und TH bei der Tide mit dem Vormittagshochwasser?
4. Was ergibt sich für TS, SD, TF, FD und TH am 1. Juli 1991 für List West (Nr. 616) mit der Tide, die das Nachmittagshochwasser enthält?

Bestimmung der Höhe der Gezeit für Bezugsorte

„Höhe der Gezeit" steht in der Überschrift dieses Abschnittes. Wozu brauche ich das eigentlich alles? fragen Sie jetzt vielleicht. Ich kann jetzt zwar alle möglichen Gezeitengrößen wie Steigdauer, Falldauer und Tidenhub ausrechnen. Was ich aber damit anfangen kann, das bleibt mir verborgen. Und jetzt auch noch die Höhe der Gezeit!

Leider haben wir noch eine Durststrecke zu überwinden. Probleme der Praxis können wir nur lösen, wenn wir den Gezeiten-Formalismus beherrschen und die Grundgrößen und die jetzt zu behandelnde Höhe der Gezeit bestimmen können. Also, haben Sie noch etwas Geduld! Zumindest unsere Kenntnisse über Steig- und Falldauer, Tidenstieg und Tidenfall können wir bald einsetzen.

Offensichtlich ist es etwas schwieriger, verglichen mit den bisherigen Problemen, den Wasserstand – die Höhe der Gezeit (H) – für einen beliebigen Zeitpunkt zwischen HW und NW zu ermitteln. Wir bleiben bei unserer Vorgehensweise und versuchen, diese Aufgabe zunächst für einen Bezugsort zu lösen.

Wir gehen wieder von dem schon mehrfach benutzten Bezugsort Brest aus, wählen aber ein anderes Datum als bisher. Welche Höhe der Gezeit ergibt sich am 19. Juli 1991 um 09.00 MEZ für Brest?

Als erstes schreiben wir uns die erforderlichen Zeiten und Höhen des NW und HW von S. 109 heraus:

NW: 04.30 2,6 m
HW: 10.32 6,0 m

Jetzt betrachten Sie bitte Seite 111. Dort sind die *mittleren Tidenkurven* für Brest zur Springzeit (ausgezogene Kurve) und zur Nippzeit (gestrichelte Kurve) dargestellt. (Die Lösung unserer Aufgabe können Sie in Abb. 7 auf S. 25 verfolgen.)
Mittlere Tidenkurven deshalb, weil man sie durch Mittelwertbildung über einen langen Zeitraum erhalten hat. Was wir benötigen, ist die *aktuelle* Tidenkurve vom 19. Juli 1991. Im Gegensatz zur nicht realistischen Zeitsituation beim Lösen einer Übungsaufgabe führen wir in der Praxis ja eine Vorausplanung durch. Diese Kurve ist demnach natürlich nicht bekannt. Sie wäre ohnehin erst nach einer Pegelregistrierung verfügbar. Was man zu ermitteln versuchen kann, ist daher die *wahrscheinliche* Tidenkurve. Diese Kurve fällt in der Regel nicht mit einer ausgedruckten mittleren Tidenkurve zusammen. Man darf diese daher im allgemeinen nicht direkt verwenden. Die mittleren Kurven sollen nur eine Vorstellung vom Verlauf der Gezeiten geben.
Wie kommen wir zur wahrscheinlichen Tidenkurve? Da die Höhe der Gezeit um 09.00 MEZ gesucht ist, bei auflaufendem Wasser also, brauchen wir nur den linken Teil der Kurve bis zum HW. Zwei Punkte der gesuchten Kurve sind uns schon bekannt, das HW und das NW. Wir markieren uns das HW bei 0 (unten, waagerechte Achse) und bei 6,0 m (senkrechte Achse). Die Steigdauer beträgt 06.02. Wir finden den zweiten Punkt der Kurve (NW), indem wir auf der waagerechten Achse einen Punkt etwas mehr als 6 Stunden links vom Nullpunkt (Stunden vor Hochwasser) aufsuchen. Von dort gehen wir nach oben bis zur Höhe 2,6 m.
Und die Zwischenpunkte? *Eine* Information haben wir bis jetzt noch nicht verwendet. Wir wissen, daß am 19. Juli 1991 in Brest NpZ ist (S. 21). Wir berücksichtigen diese Tatsache dadurch, daß wir den gesuchten Kurvenverlauf in Anlehnung an die ausgedruckte mittlere Nipptidenkurve skizzieren. Und das soll stimmen? fragen Sie mit Recht. Die Kurve „stimmt“ tatsächlich;

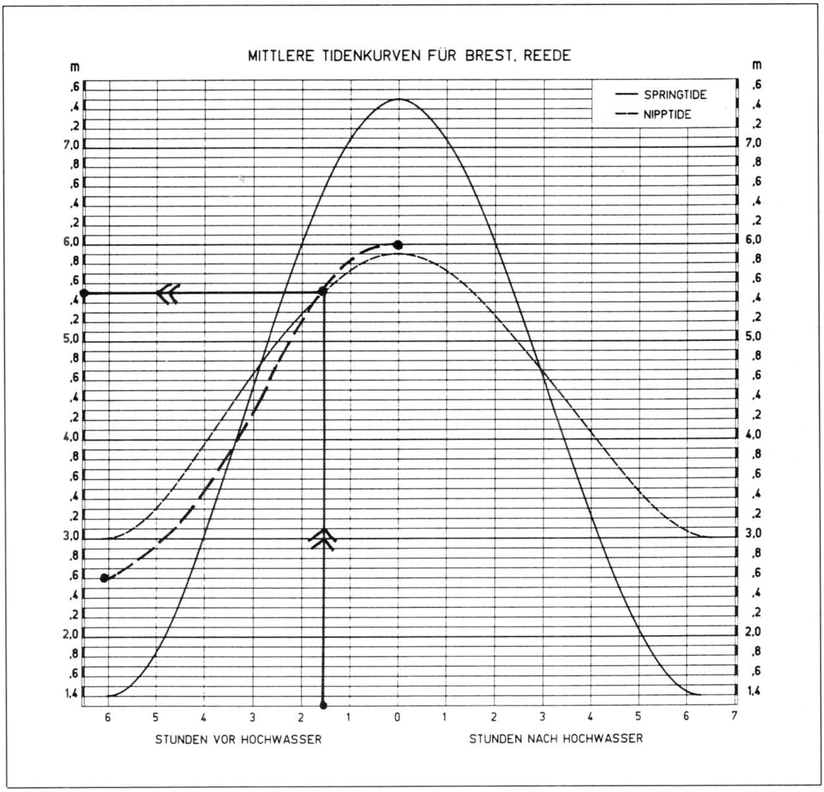

7 *Bestimmung von H (Höhe der Gezeit) für Bezugsorte mit der wahrscheinlichen Tidenkurve.*

sie ist zuverlässiger – jedenfalls für Bezugsorte – als das Verfahren, das wir im nächsten Abschnitt behandeln werden. Ihre berechtigte Skepsis kann vielleicht etwas abgebaut werden, wenn Sie präventiv schon einmal einen Blick auf die Seite 111 mit den mittleren Tidenkurven von Southampton werfen. Mit diesen Kurven werden wir uns in einer Übungsaufgabe beschäftigen.

Mit Hilfe der in Abb. 7 einskizzierten Kurve ergibt sich um 09.00 – rund 1,5 Stunden vor HW – eine Höhe der Gezeit von etwa 5,5 m.

Übungsaufgaben

Zur Lösung der Aufgaben sind die Auszüge aus den Gezeitentafeln im Anhang A zu verwenden.

1. Welche Höhe der Gezeit erhält man am 10. Mai 1991 um 07.00 MESZ für Büsum?
2. Welche Höhe der Gezeit ist am 14. Juni 1991 um 17.00 MESZ in Southampton zu erwarten? Verwenden Sie bei der Bestimmung der wahrscheinlichen Tidenkurve die mittleren Tidenkurven von Southampton auf Seite 111. Den Gezeitentafeln entnimmt man für Southampton folgende (im Anhang nicht aufgeführte) Werte: HW 13.02 (MEZ!) 4,5 m, NW 18.54 0,6 m. Es herrscht Springzeit. In der Gezeitentafel wird das erste der beiden Hochwasser angegeben (vergl. Tidenkurve).

Bestimmung der Höhe der Gezeit für Anschlußorte

Wie sieht die Lösung für einen Anschlußort aus? Wir gehen am einfachsten von dem schon bekannten Barfleur aus und fragen nach der Höhe der Gezeit am 14. Juli 1991 um 09.30 MEZ. Im Prinzip könnte man auch hier die wahrscheinliche Tidenkurve unter Benutzung der mittleren Tidenkurve des Bezugsortes zu zeichnen versuchen. Da der Verlauf der Tidenkurve am Anschlußort aber von dem am Bezugsort stärker abweichen kann, folgen wir der Empfehlung des BSH und setzen eine andere Technik ein.
Zunächst – für unser Beispiel haben wir das bereits erledigt – berechnet man das HW und NW, zwischen denen der interessierende Zeitpunkt liegt. Dann bestimmt man bei ablaufendem Wasser FD und TF, bei auflaufendem Wasser SD und TS, sowie den Zeitunterschied (ZU) zum nächstgelegenen *Hoch-*

wasser (ganz wichtig!). Mit diesen Werten geht man in ein *Kurvenblatt* (Nomogramm) und ermittelt damit den *angenäherten Höhenunterschied zur Niedrigwasserhöhe* (HU). Anbringen dieses Höhenunterschiedes an die NWH ergibt die gesuchte Höhe der Gezeit.
Das hört sich wesentlich komplizierter an, als es tatsächlich ist. Wir schreiben die erforderlichen Werte von S. 22 ab und führen sie noch einmal übersichtlich auf. Außerdem fügen wir den ZU und die NWH gleich hinzu:

ZU = 02.05
SD = 05.51
TS = 5,8 m
NWH = 0,8 m

Das Kurvenblatt finden Sie ausklappbar am Ende des Buches. Auf S. 28 ist es mit der Lösung dieser Aufgabe nochmals dargestellt. Vom Kurvenblatt fertigen Sie sich am besten eine Kopie an, da Sie damit dann einfacher arbeiten können, vor allem auch bei der Lösung der Aufgaben.
Wir suchen den ZU 02.05 auf der waagerechten Achse in der linken Hälfte der Darstellung auf und gehen dann senkrecht nach oben bis zu den Kurven „Steigdauer oder Falldauer". Für die Steigdauer 05.51 gibt es keine Kurve. Eingedruckt sind Kurven für die Steigdauern 05.30 und 06.00. Wir gehen „nach Augenmaß" bis kurz vor die Kurve 06.00. Von diesem Punkt bewegen wir uns waagerecht nach rechts zu den Geraden mit der Bezeichnung „Tidenstieg oder Tidenfall". Da unser Tidenstieg 5,8 m beträgt, gehen wir bis etwas vor die Gerade 6 m. Von diesem Punkt aus bewegen wir uns senkrecht nach unten und lesen dort den angenäherten Höhenunterschied zur NWH ab. Es ergeben sich ungefähr 4,2 m. Dann rechnen wir:

NWH = 0,8 m
HU = 4,2 m

H = 5,0 m

Die geschilderte Prozedur im Nomogramm führt man am besten mit einem Kursdreieck aus, damit man sich in den Kurven nicht „verheddert".
Manchmal ist die sogenannte „12er-Regel" ganz nützlich; wir wollen sie

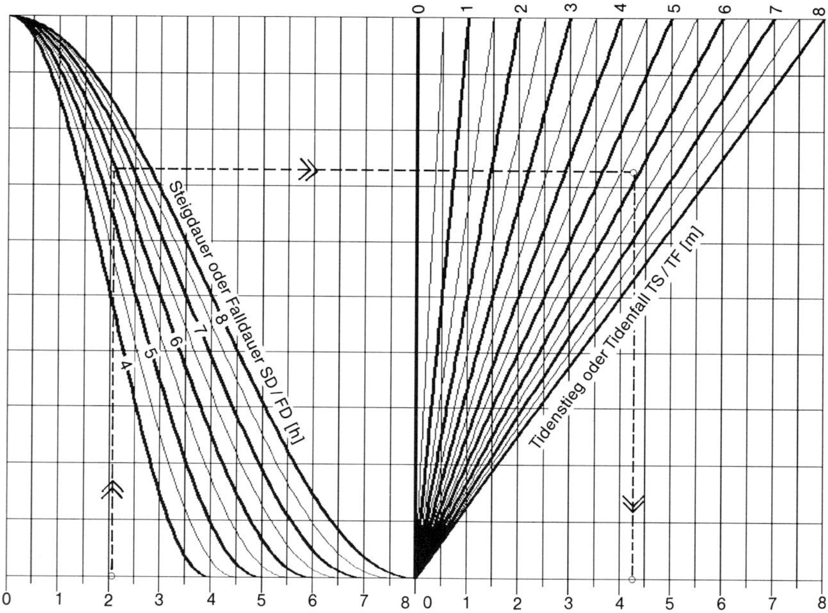

8 *Bestimmung von HU (angenäherter Höhenunterschied zur Niedrigwasserhöhe) für Anschlußorte mit dem Nomogramm.*

daher der Vollständigkeit wegen noch kurz betrachten. Man geht bei dieser Regel davon aus, daß das Wasser vom NW aus folgendermaßen steigt:

1. Stunde $\frac{1}{12}$
2. Stunde $\frac{2}{12}$
3. Stunde $\frac{3}{12}$
4. Stunde $\frac{3}{12}$
5. Stunde $\frac{2}{12}$
6. Stunde $\frac{1}{12}$

Das heißt, von der Niedrigwasserzeit bis eine Stunde danach steigt das Wasser um $\frac{1}{12}$ des Tidenstiegs, in der zweiten Stunde um $\frac{2}{12}$ und so weiter.

Voraussetzung ist, daß die Steigdauer etwa sechs Stunden beträgt. Beim Fallen des Wassers rechnet man analog. Für unser gerade mit dem Kurvenblatt gelöstes Beispiel ergibt sich eine Steigdauer von etwa 6 Stunden. Um 09.30 (Berechnungszeitpunkt des Beispiels) liegen wir etwa 09.30 − 05.44 ≈ 3¾ Stunden nach *NW.* Das Wasser steigt demnach rund 3¾ Stunden, vom NW aus gerechnet. 1/12 des Tidenstiegs ergibt rund 0,5 m. Wir schreiben:

1. Stunde	0,5 m
2. Stunde	1,0 m
3. Stunde	1,5 m
¾ Stunde	1,2 m
3¾ Stunden	4,2 m

Dabei bedeutet ¾ Stunde ¾ von der 4. Stunde. Da sich hier die Rundungsfehler (zufällig!) aufheben, erhalten wir das gleiche Ergebnis wie vorher.
Wenn das Verfahren anwendbar ist, kann es bei Übung gut für eine schnelle Abschätzung eingesetzt werden.
Damit hätten wir uns eigentlich die erforderlichen Grundkenntnisse angeeignet, um konkretere und praxisnahe Fälle lösen zu können. Da Sie als gewissenhafter Mensch natürlich alle Übungsaufgaben sorgfältig gelöst haben und auch die am Ende dieses Abschnittes lösen werden, steht dem nichts mehr im Wege. Wenn man so etwas liest, dann sieht man doch schon von weitem den Kinken, oder? Nein, ganz im Ernst, unser Kenntnisstand ist schon recht wacker. Allerdings habe ich, um Sie nicht gleich zu sehr zu schocken, ein paar Feinheiten unterschlagen. Die müßten wir irgendwann noch mal nachholen (S. 48 bis S. 54). Damit wir keine „Schreibtischprobleme" lösen, die wir nicht auf die Praxis übertragen können, müssen wir uns auch noch mit dem ganz wichtigen Gezeitenstrom (S. 55), dem Einfluß des Windes (S. 63) und einigen Besonderheiten der Navigation in Gezeitengewässern (S. 68) beschäftigen.
Kann ich Sie für die folgende Theorie etwas motivieren? Wir fahren alle hervorragend Auto, obwohl wir üblicherweise wenig oder gar keine Ahnung von dem haben, was da unter der Motorhaube so alles passiert. Gezeitenprobleme kann man auch ohne Kenntnis der Theorie lösen, zumindest gilt das

für Standardprobleme. Wenn Sie zu den Leuten gehören, die sich nicht ganz wohl fühlen, wenn sie nur mit „Kochrezepten" hantieren, dann lesen Sie das folgende Kapitel. Ist Ihnen mehr daran gelegen, im wesentlichen nur die praktische Anwendung zu studieren, dann können Sie es überfliegen, bis auf den letzten Teil (ab S. 45), den Sie sich etwas genauer ansehen sollten.

Übungsaufgaben

Zur Lösung der Aufgaben sind die Auszüge aus den Gezeitentafeln im Anhang A und das ausklappbare Nomogramm zu verwenden.

1. Welche Höhe der Gezeit ergibt sich am 8. August 1991 um 16.30 MESZ für Omonville (Nr. 979)?
2. Welche Höhe der Gezeit ist am 22. Juni 1991 um 20.00 MESZ für Trischen, West (Nr. 673) zu erwarten?
3. Lösen Sie Aufgabe 2 mit der 12er-Regel.
4. Lösen Sie zum Vergleich die Aufgabe 2 auf Seite 26 mit dem Nomogramm. Wie ist das Ergebnis zu beurteilen?

Kleine Gezeitentheorie

Daß es bestimmte Abhängigkeiten zwischen den *Mondphasen* und den Gezeiten gibt, wußte man schon in der Antike. Die wirkenden Zusammenhänge dagegen kannte man nicht. Erst Newton im 17. und vor allem Laplace im 18. Jahrhundert entwickelten eine brauchbare Theorie der Gezeiten, die bis heute immer weiter verfeinert wurde.
Diese komplizierte mathematische Theorie können wir hier natürlich nicht nachvollziehen*. Trotzdem ist es möglich, durch relativ einfache astronomische und physikalische Überlegungen die wesentlichen Aspekte zu verstehen.
Da der Mond offensichtlich für die Gezeiten von großer Bedeutung ist, wollen wir uns zunächst ein wenig mit ihm beschäftigen. Er bewegt sich in etwas mehr als 29,5 Tagen** um die Erde. Während eines Umlaufes dreht er sich auch einmal um seine Achse. Das ist übrigens der Grund dafür, daß von der Erde immer nur die „Vorderseite" des Mondes sichtbar ist. Im Gegensatz zum Mond dreht sich die Erde in 24 Stunden einmal um sich selbst***. Beide Gestirne, Erde und Mond, bewegen sich in einem Jahr um die Sonne. Abb. 9 soll die Verhältnisse noch einmal erläutern.
Die Bewegung des Mondes um die Erde können wir daran erkennen, daß er seine Position unter den Fixsternen verändert. Da wir Brest schon mehrfach als Beispiel gewählt haben – keine Sorge, wir betätigen uns auch noch in heimatlicheren Gewässern –, machen wir einfach per Computer eine Reise dorthin. Wir blicken am 18. Juli 1991 um Mitternacht (24.00 MESZ) zum Westhimmel und sehen den zunehmenden Mond unter den Fixsternen

* Einen kleinen Einblick in die mathematische Beschreibung der Gezeiten bekommen wir im Kapitel „Taschenrechner und Gezeiten" (S. 90).
** Zum Beispiel von Neumond zu Neumond, in einem sogenannten synodischen Monat.
*** Für Spezialisten: in bezug auf den Frühlingspunkt in einem Sterntag.

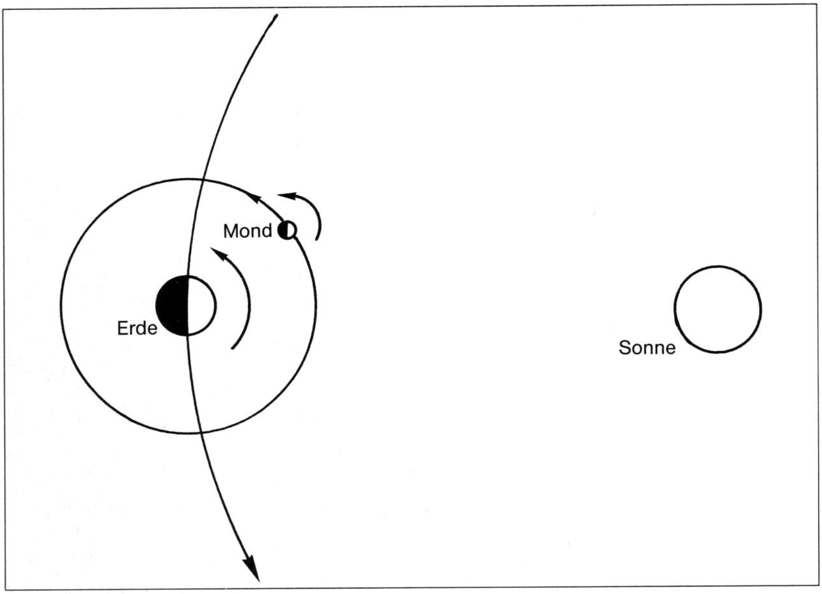

9 *Bewegung der Erde und des Mondes und Bewegung des Systems Erde – Mond um die Sonne.*

(Abb. 10). So schön, wie sie uns der Rechner zeigt, könnten wir die Sterne in Wirklichkeit nicht sehen, da ihr Licht durch den helleren Mond überstrahlt würde. Wenn Sie sich ein wenig am Sternenhimmel auskennen, sehen Sie rechts oberhalb des Mondes den Großen Wagen. Links, also nach Süden, erkennen Sie vielleicht einen Teil des wunderschönen Sternbildes Skorpion. Abb. 11 zeigt den Westhimmel wieder um Mitternacht von der gleichen Position aus genau 24 Stunden später. Sie sehen auf den ersten Blick, daß sich der „nahe“ Mond durch seine Drehung um die Erde gegenüber den

10 *Der Westhimmel, von Brest aus gesehen, am 18. Juli 1991 um 24.00 MESZ (rechts oben)…*
11 *…und genau 24 Stunden später (rechts unten).*

WK 12/91

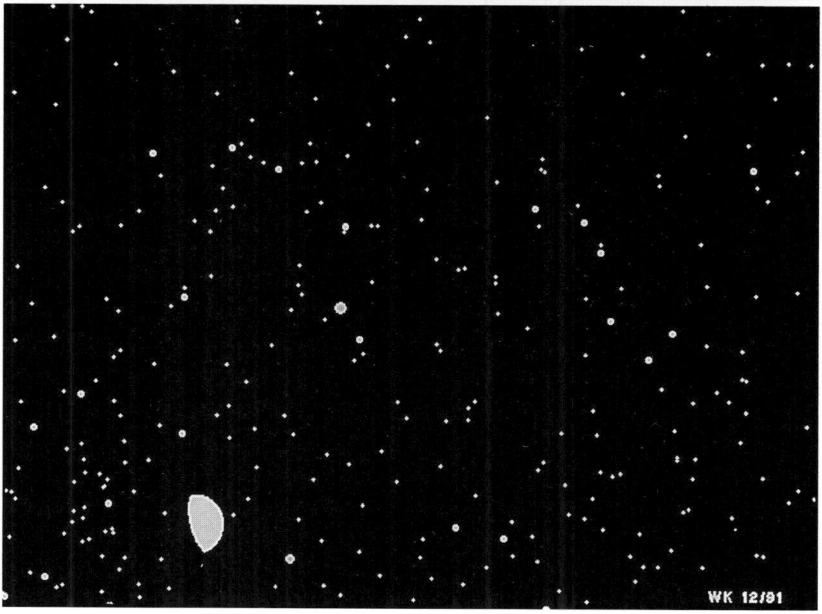
WK 12/91

ungeheuer weit entfernten Fixsternen verschoben hat. Und noch etwas kann man erkennen: Im ersten Bild (Abb. 10) war der Mond gerade halb beleuchtet, im zweiten (Abb. 11) ist schon etwas mehr als die Hälfte erhellt. Wir sagen, die Mondphase hat sich geändert.
Wenn Sie jetzt noch einmal Abb. 9 auf S. 32 betrachten, dann sehen Sie, daß von der rechts stehenden Sonne der ihr zugewandte Teil der Erde und des Mondes beleuchtet wird. Abb. 12 soll die Verhältnisse noch einmal systematisch erklären. Die Sonnenstrahlen fallen in der Abbildung von rechts auf den Mond (und die Erde). Im Fall „a" können wir von der beleuchteten Hälfte des Mondes nichts erkennen, da uns der Erdtrabant seine dunkle Hälfte zukehrt. Es ist *Neumond.* In der Situation „b" sehen wir von der Erde aus die rechte Hälfte des Mondes beleuchtet, die linke ist dunkel.

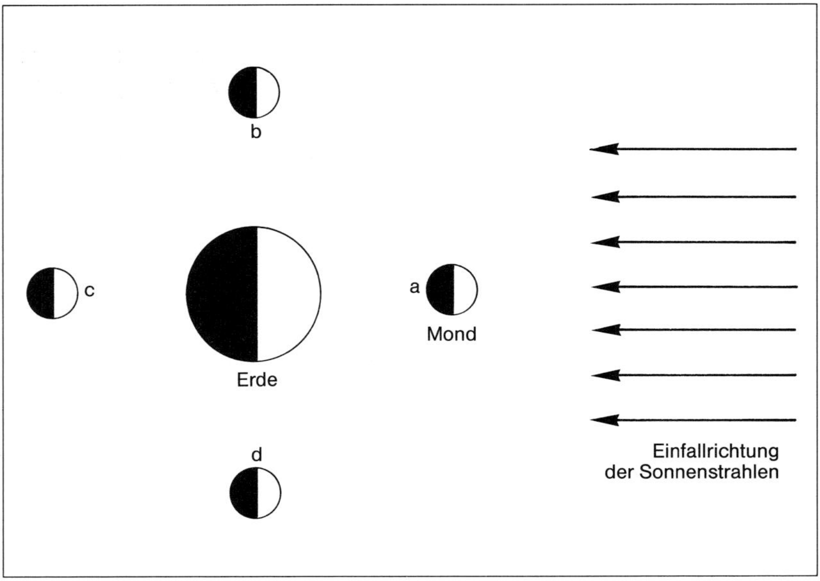

12 *Entstehung der Mondphasen. a: Neumond, b: erstes Viertel, c: Vollmond, d: letztes Viertel.*

In der Alltagssprache nennt man das üblicherweise den zunehmenden Halbmond. Wir merken uns die astronomische Bezeichnung. Man spricht, da der Mond ein Viertel seiner Bahn um die Erde zurückgelegt hat, vom *ersten Viertel.* Nach diesen Hinweisen finden Sie sich sicherlich selbst mit den übrigen Mondphasen in Abb. 12 zurecht.
Wir kommen auf die Mondphasen noch einmal zurück, wenn wir das sogenannte „Alter der Gezeit" bestimmen (S. 48).
Nach diesem Exkurs betrachten wir die Bewegung des Systems Erde – Mond etwas genauer. Leider tritt noch eine Komplizierung auf. Es ist nämlich nicht so, daß sich der Mond „einfach" um die Erde bewegt. Vielmehr bewegen sich Erde und Mond um ihren *gemeinsamen Schwerpunkt.* Stellen Sie sich vor, Erde und Mond seien durch eine Stange miteinander verbunden. Sie bilden dann eine überdimensionale Hantel. Wo müßte ein entsprechend kräftig gebauter Mensch diese Hantel unterstützen, um sie im Gleichgewicht zu halten? Die Antwort lautet: im gemeinsamen Schwerpunkt. Da die Masse der Erde sehr viel größer als die des Mondes ist, liegt dieser noch im Innern der Erde, etwa ¾ Erdradius vom Mittelpunkt entfernt (Abb. 13).

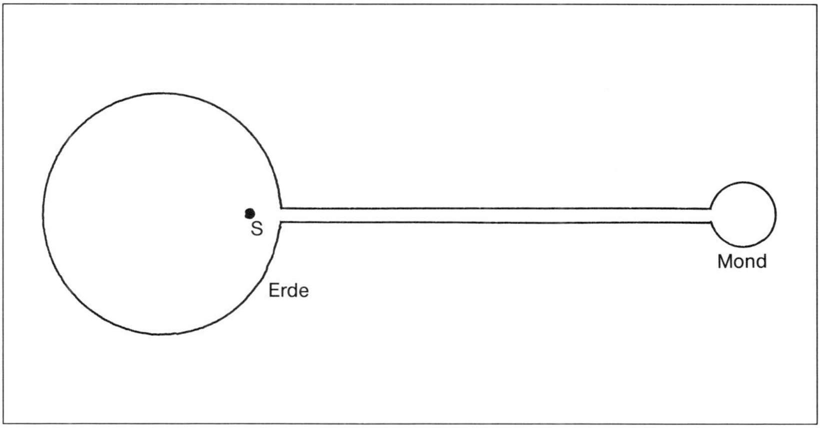

13 *Erde und Mond bilden eine überdimensionale „Hantel" mit dem gemeinsamen Schwerpunkt S.*

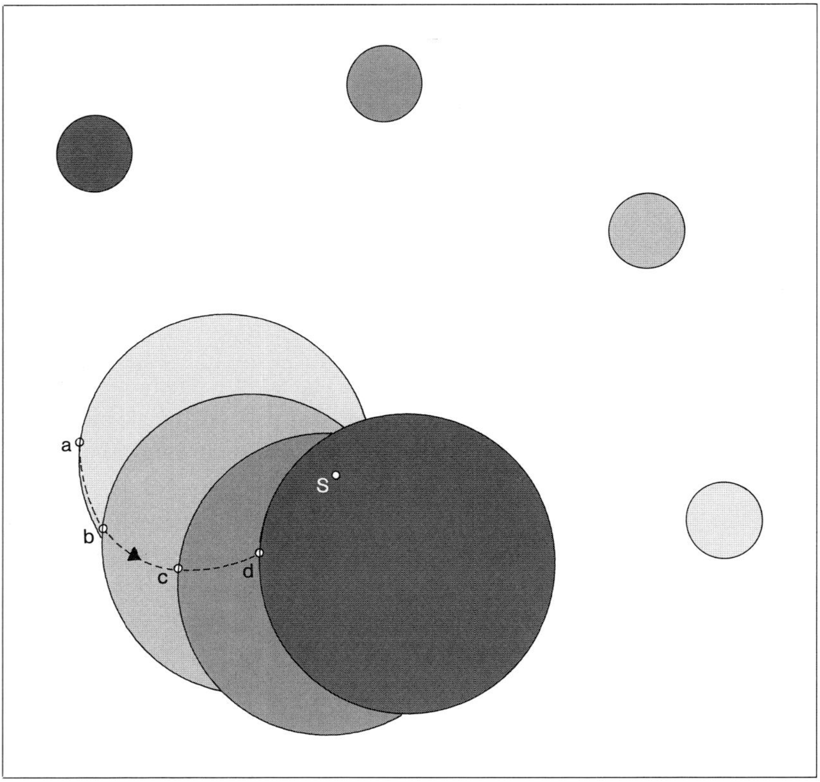

14 *Bewegung der Erde und des Mondes um den hier festliegend gedachten gemeinsamen Schwerpunkt S. Die beiden Himmelskörper sind für vier verschiedene Zeitpunkte dargestellt, wobei Erde und Mond zu einem bestimmten Zeitpunkt jeweils im gleichen Grauton erscheinen. Zeitpunkt „1" entspricht dem hellsten Grau, Zeitpunkt „2" dem nächst dunklen und so fort. Der als Beispiel herausgegriffene Punkt am linken Rand der Erde wandert dabei von a nach d auf dem gestrichelten Kreisbogen.*

Um diesen Punkt bewegen sich Erde und Mond. Abb. 14 soll Ihnen diese etwas schwer vorstellbare Bewegung verständlich machen. Beachten Sie bitte, daß diese Bewegung nichts mit der *Rotation der Erde um ihre Achse* zu tun hat. Diese wollen wir zunächst unberücksichtigt lassen. So wie der in Abb. 14 eingetragene Punkt, bewegen sich alle Punkte der Erdoberfläche auf Kreisbahnen mit dem gleichen Radius. Vielleicht experimentieren Sie einmal mit einem großen und einem kleinen Bierdeckel als Erde und Mond?
Bei Drehbewegungen treten *Fliehkräfte* auf. Da sich, wie eben schon besprochen, alle Punkte der Erdoberfläche auf Kreisbahnen mit dem gleichen Radius bewegen, erhält man für alle Punkte gleich große, vom Mond fortgerichtete Fliehkräfte (Abb. 15).

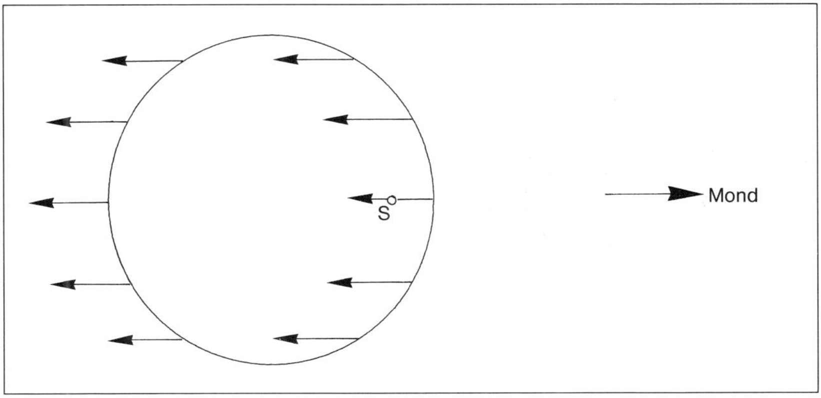

15 *Durch die Bewegung der Erde und des Mondes um den gemeinsamen Schwerpunkt treten an allen Punkten der Erdoberfläche gleich große, vom Mond fortgerichtete Fliehkräfte auf.*

Himmelskörper, also auch Erde und Mond, üben *Anziehungskräfte (Gravitationskräfte)* aufeinander aus. Diese Kräfte sind abhängig von der Masse und der Entfernung der sich anziehenden Körper. Demnach übt auch der Mond Anziehungskräfte auf die Erde aus. Da diese entfernungsabhängig sind, ist die Kraft im Punkt B von Abb. 16 größer als in A. Diese Gravitationskräfte und die Fliehkräfte aus der Bewegung um den gemeinsamen Schwerpunkt ad-

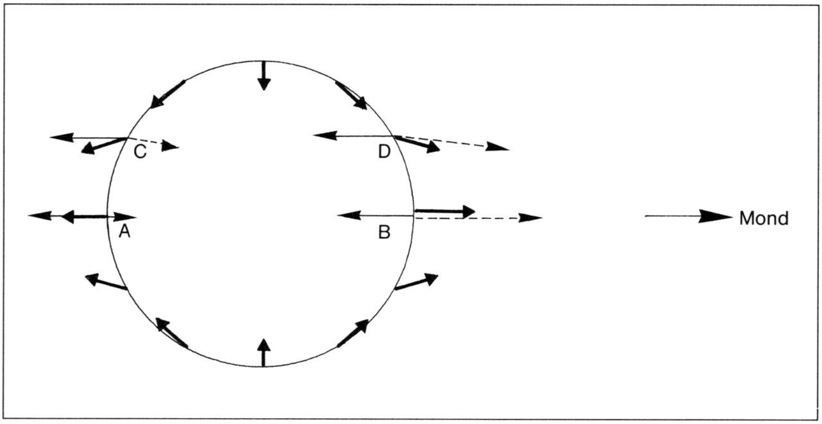

16 *Die Fliehkräfte durch die Bewegung um den gemeinsamen Schwerpunkt und die Anziehungskräfte des Mondes addieren sich zu resultierenden Kräften. Für die Punkte A bis D ist die Bildung dieser Kräfte (dicke Pfeile) aus den Fliehkräften (dünne, nach links gerichtete Pfeile) und den Anziehungskräften des Mondes (gestrichelte Pfeile) gezeichnet. Für weitere Punkte sind nur die resultierenden Kräfte dargestellt. Wegen der geringen Unterschiede zwischen den Fliehkräften und den Anziehungskräften kann die Zeichnung nicht maßstabsgerecht sein.*

dieren wir zu *resultierenden Kräften* (Abb. 16). Beim System Erde – Mond sind die Verhältnisse nun gerade so, daß sich etwa gleich große Kräfte auf der dem Mond zugewandten und auf der abgewandten Seite ergeben.
Wir denken uns die Erde vollständig mit Wasser bedeckt. Dann würden die resultierenden Kräfte diese *Wasserhülle* elliptisch verformen. Abb. 17 a zeigt, was bei Neumond passiert. Sowohl auf der dem Mond zugekehrten als auch auf der gegenüber liegenden Seite der Erde werden die Wassermassen angehäuft („Flutberg"), während sie senkrecht dazu abgezogen werden.
Bei der Bewegung des Mondes um die Erde (genauer: bei der Bewegung des Systems Erde – Mond um den gemeinsamen Schwerpunkt) werden diese Flutberge mitwandern, wie Abb. 17 zeigt.

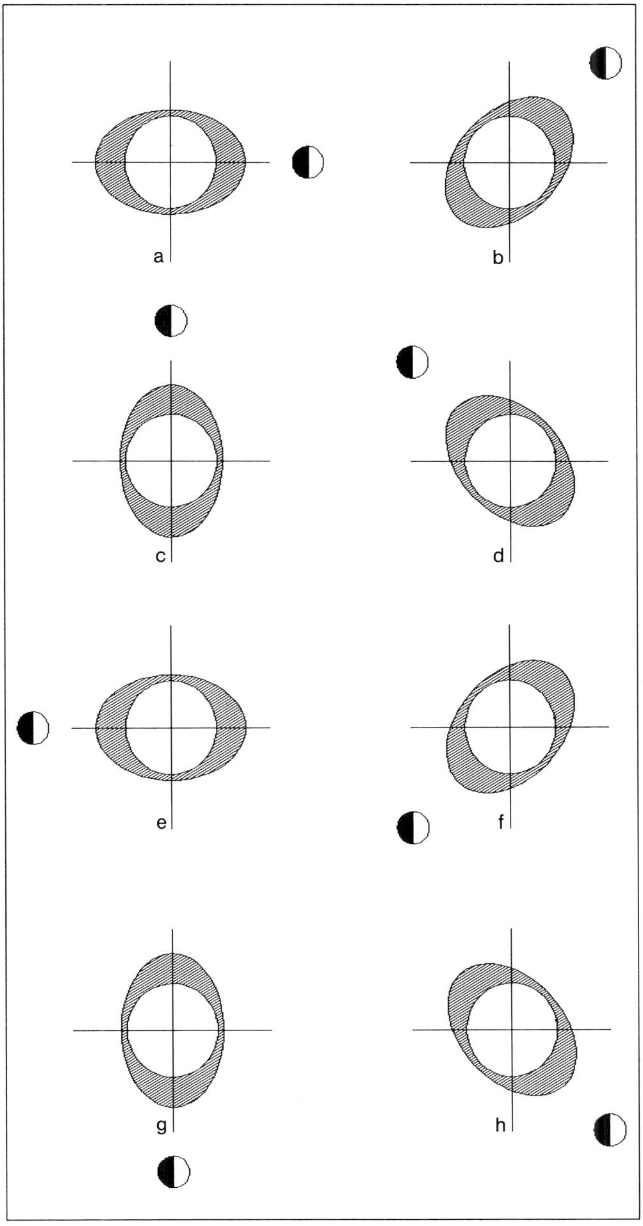

17 *Die Flutberge folgen dem Mond bei seiner Bewegung um die Erde. Dargestellt sind die Verhältnisse von Neumond (a) bis etwa 3,5 Tage vor dem nächsten Neumond (h).*

Noch verwickelter wird es aber dadurch, daß auch die Sonne bei der Entstehung der Gezeiten wesentlich mitwirkt. Zwar ist sie viel weiter von der Erde entfernt als der Mond, nämlich rund 150 Millionen km, im Gegensatz zum „nur“ etwa 400 000 km weit entfernten Mond. Dafür hat sie aber eine gigantische Größe. Ihr Radius beträgt gerundet 700 000 km (Erde: 6367 km!); ihre Masse ist etwa 330 000mal größer als die Erdmasse. Damit ist ihr Einfluß auf

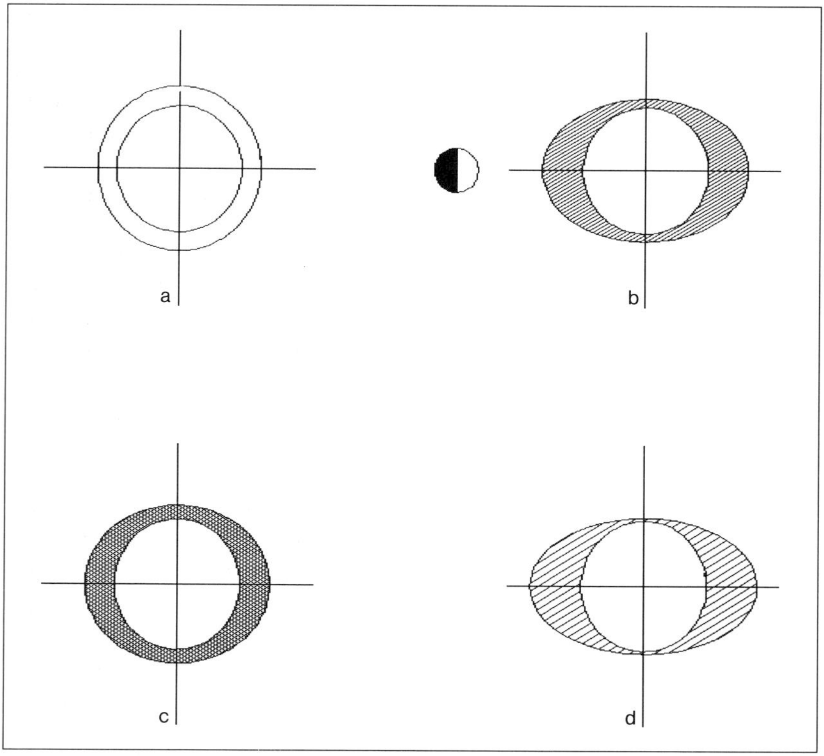

18 *Bild a zeigt die ungestörte Wasserhülle, b die Verformung durch den Mond (Vollmond), c die Verformung durch die Sonne und d die Summe beider Einflüsse (Mond plus Sonne).*

die Gezeiten trotz der großen Entfernung immerhin noch etwa halb so groß wie der des Mondes.
Wie muß man sich nun die Wirkung der Sonne vorstellen? Genauso wie beim Mond bildet sich auf der der Sonne zugewandten und auf der abgewandten Seite der Erde je ein Flutberg aus. Also rufen sowohl der Mond als auch die Sonne jeweils zwei Flutberge hervor. Beide Effekte sind gleichzeitig vorhanden. Sie sehen schon, was sich ergibt. Es kommt darauf an, welche Stellung Mond, Erde und Sonne zueinander haben. Diese können wir aber an der Mondphase erkennen.
In Abb. 18 a sind die Erde und die „ungestörte" Wasserhülle zu erkennen. Sie erinnern sich, daß wir vorläufig von einer vollständig mit Wasser bedeckten Erde ausgehen wollten. Abb. 18 b zeigt die durch den Mond verformte Wasserhülle. Die Sonne ist rechts von der Erde zu denken. Es herrscht demnach Vollmond, wie wir auch sofort an der Mondphase sehen können. In Abb. 18 c wird die Wirkung der Sonne auf die Wasserhülle dargestellt. Da die Sonne rechts von der Erde steht, bildet sich natürlich ein Flutberg nach rechts zur Sonne hin aus und ein weiterer zur anderen Seite. Beachten Sie, daß diese „Sonnenflutberge" kleiner sind als die „Mondflutberge" und daß oben und unten (90° zur Sonnenrichtung) das Wasser auch weniger stark abgezogen wird. Abb. 18 d schließlich zeigt die Summe beider Einflüsse. Die Wirkungen von Mond und Sonne addieren sich. In Richtung Sonne und Mond bzw. in Gegenrichtung entstehen besonders hohe Flutberge, 90° senkrecht dazu wird das Wasser besonders stark abgezogen.
In Abb. 19 sind die Verhältnisse nochmals für eine andere Mondphase, das erste Viertel, erläutert. Auch hier ist die Sonne wieder rechts zu denken. Wir sehen sofort, daß Mond und Sonne „gegeneinander" arbeiten. Durch den Mond werden oben und unten in unserer Zeichnung (Abb. 19 b) Flutberge gebildet, während unter dem Einfluß der Sonne rechts und links Flutberge entstehen (Abb. 19 c). Die Summe beider Effekte zeigt Abb. 19 d. Kleinere – verglichen mit Abb. 18 d – Flutberge nach oben und unten, weniger stark abgezogene Wassermassen senkrecht dazu.
In Abb. 20 können Sie die Gegebenheiten noch einmal ausführlich studieren. Der Zeitabstand der *Teilbilder a bis h beträgt etwa 3,5 Tage. Abb. 20 a gilt für Neumond, Abb. 20 h für die Zeit 3,5 Tage vor dem nächsten Neumond.*

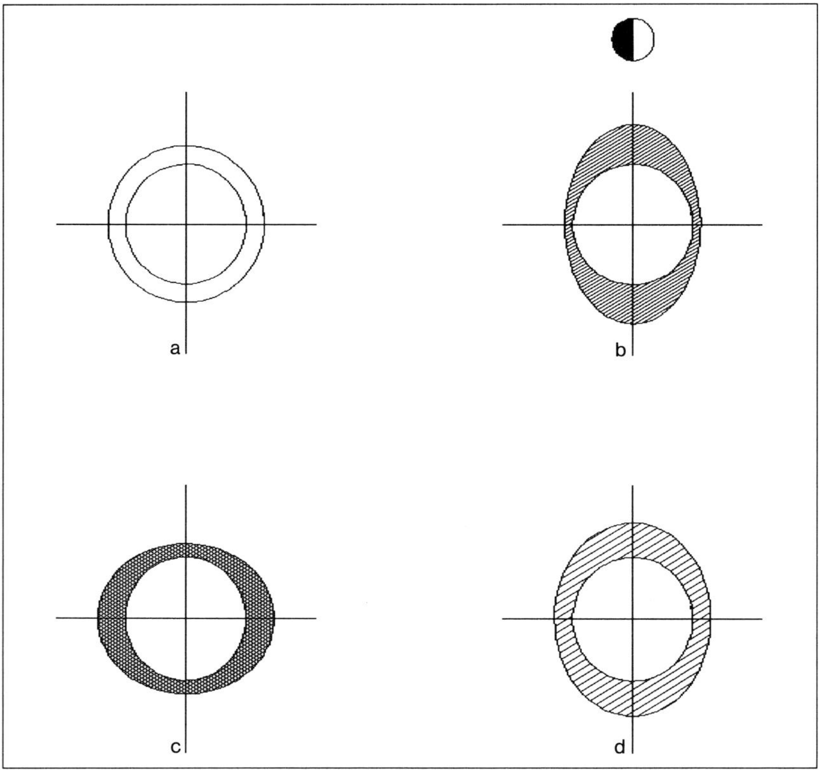

19 *Die Verhältnisse entsprechen Abb. 18, nur daß sich hier der Mond im ersten Viertel befindet.*

Rechte Seite:
20 *Im Abstand von etwa 3,5 Tagen von Neumond bis 3,5 Tage vor dem nächsten Neumond sind hier die den Teilbildern b, c und d der Abb. 18 und 19 entsprechenden Bilder überlagert und gleichzeitig dargestellt. So ergibt sich beispielsweise Teilbild c (20c) aus der Überlagerung der Bilder 19b, c und d.*

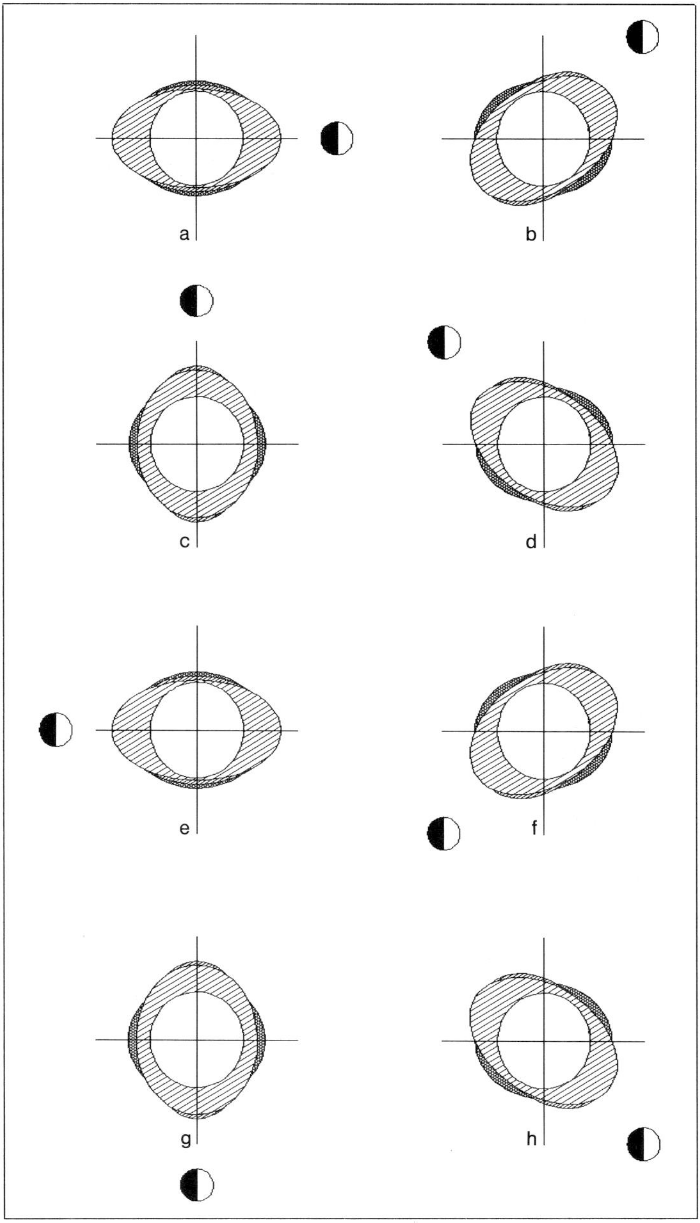
a
b
c
d
e
f
g
h

Jetzt können wir uns folgende Frage stellen: Welche Wasserstandsänderungen würde ein Beobachter auf dieser ganz mit Wasser bedeckten Erde eigentlich ermitteln? Wir denken uns diesen Beobachter am Erdäquator* auf einem winzigen Atoll und bedenken gleichzeitig noch einmal unsere bisherige Voraussetzung, nach der wir die Eigenrotation der Erde außer Betracht lassen. Die beiden Flutberge würden in zirka 29,5 Tagen einmal um die Erde herumwandern. Unser imaginärer Gezeitenforscher würde auf seinem Atoll in dieser Zeit zweimal Hochwasser und zweimal Niedrigwasser registrieren. Tatsächlich rotiert die Erde aber in 24 Stunden einmal um ihre Achse. Das bedeutet, der Beobachter stellt zweimal am Tage HW und zweimal NW fest. In Abb. 21 können Sie den Verlauf des Wasserstandes in Abhängigkeit von

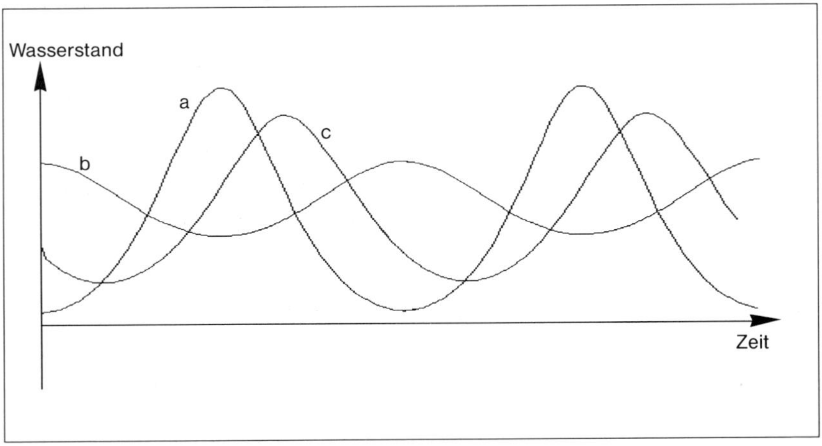

21 *Verlauf des Wasserstandes innerhalb eines Tages bei rotierender Erde. Der Beobachter befindet sich dabei an einem der Schnittpunkte der senkrechten Achse (Abb. 20) mit der Erdoberfläche.*

* Nochmals für Astronomie-Kundige: Es wird dabei angenommen, daß der Mond in der Äquatorebene steht und die Abweichung Null hat.

der Zeit betrachten. Bei Vollmond und Neumond gilt Kurve „a", beim ersten und letzten Viertel Kurve „b". Kurve „c" schließlich gilt für die Zeit zwischen den Hauptmondphasen, also z. B. zwischen Neumond und erstem Viertel.
Nach erheblichen Mühen müßte uns jetzt theoretisch klargeworden sein – das hoffe ich jedenfalls –, wie es eigentlich zu zweimaligem HW oder NW in Brest oder Bremerhaven kommt, was Springzeit oder Nippzeit tatsächlich bedeuten und welcher prinzipielle Zusammenhang zwischen den Mondphasen und den Gezeiten besteht.
Damit haben Sie, meine ich, nicht nur etwas für Ihre intellektuelle Erbauung getan. Trotzdem können wir uns jetzt nicht auf unserer schönen Theorie ausruhen. Es kann nämlich nicht einfach ignoriert werden, daß die Erdoberfläche nicht vollständig mit Wasser bedeckt ist. Die reale Verteilung von Land und Wasser bewirkt eine ganz erhebliche Komplizierung der Gezeitenerscheinungen*.
Das gilt vor allem für Meere, die über verhältnismäßig schmale „Straßen" oder „Kanäle" mit den großen Ozeanen verbunden sind. Eine ganz wesentliche Rolle spielt auch die Wassertiefe. Ein charakteristisches Beispiel ist die Nordsee. Als flaches Randmeer schwingt sie verzögert mit dem Atlantik mit. Wegen der sehr schmalen Verbindung des Mittelmeeres mit dem Atlantik über die Straße von Gibraltar treten im Mittelmeer nur relativ kleine Tidenhübe auf, und das auch nur im westlichen Teil.
In den europäischen Gewässern mit merkbaren Gezeiten „passen" die Ergebnisse unserer Theorie noch recht gut**, denken Sie nur an die schönen Tidenkurven von Brest. Daß es auch ganz andere Gezeitenformen gibt, können Sie an Abb. 22 erkennen. Alle Kurven gelten für den Monat Juli 1991. Zum Vergleich sind oben in der Abbildung noch einmal die Tidenkurven von Helgoland dargestellt. Sie sehen schon etwas „wilder" aus als die von Brest. Aber auch hier haben wir, wie überall in Europa, (in der Regel) zweimal

* In der modernen Theorie wird das Phänomen Gezeiten als Problem sogenannter *erzwungener Schwingungen* behandelt. Die gezeitenerzeugenden Kräfte von Mond und Sonne regen die Wassermassen zu sehr verwickelten Schwingungen an. Durch Rechnersimulation kann man die sich ergebenden Verhältnisse für bestimmte Seegebiete heute schon recht gut darstellen.

** Es ist möglich, auch die anderen Gezeitenformen aus der vereinfachten Theorie abzuleiten.

täglich HW und zweimal NW. Diese Gezeitenform wird *halbtägige Gezeitenform* genannt. Darunter (Abb. 22) wird es aber wahrhaft exotisch. Die zweite Kurve gilt für Tanjung Priok. Wo liegt Tanjung Priok? Auf etwa 06° S und 107° E (Java). Hier gibt es pro Tag nur ein HW und ein NW. Wir sprechen deshalb von einer *eintägigen Gezeitenform.*
Die dritte Kurve schließlich gehört zu Thursday Island, auf etwa 11° S und 142° E (Torres-Straße, nördlich von Australien). Hier liegt eine sogenannte *gemischte Gezeitenform* vor. Kennzeichnend für diese Form sind die wechselnden Anteile aus halbtägigen und ganztägigen Gezeiten.
In den meisten Fällen kann man aber auch bei diesen exotischen Verhältnissen so vorgehen, wie wir bisher besprochen haben. Wegen der teilweise verwickelten und komplizierten Form der Tidenkurven ist die Höhe der Gezeit zwischen den Hoch- und Niedrigwassern allerdings nicht ohne weiteres bestimmbar. Man kann dafür eine bestimmte Technik einsetzen, die wir aber nicht besprechen wollen. Interessenten finden Informationen dazu in den Erläuterungen von Band I der Gezeitentafeln. Die erforderlichen Werte *(harmonische Gezeitenkonstanten)* sind in Teil II der Gezeitentafeln abgedruckt.

Übungsaufgaben

1. Warum kommt es nicht bei jedem Vollmond zu einer Mondfinsternis?
2. Beim ersten und letzten Mondviertel (und Berücksichtigung der jeweiligen Verspätung) liegen
   a) Springverhältnisse,
   b) Nippverhältnisse,
   c) Mittverhältnisse

   vor.

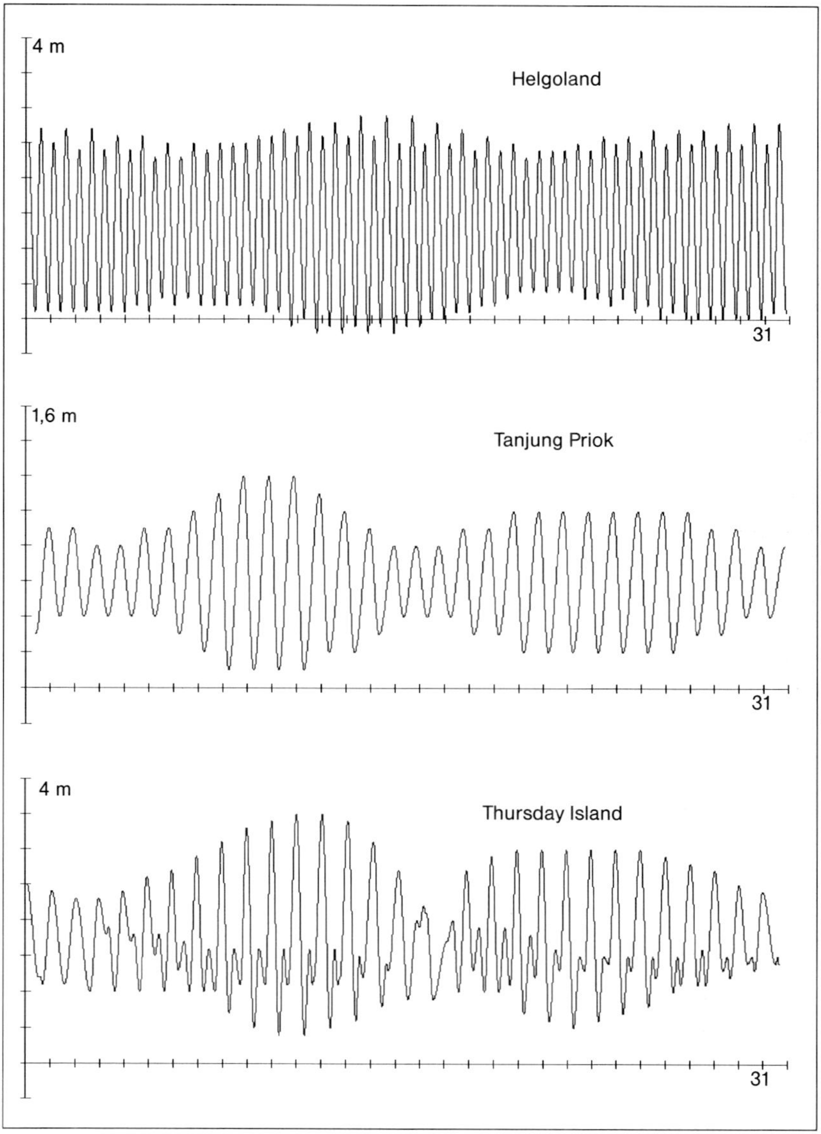

22 *Tidenkurven für Helgoland, Tanjung Priok und Thursday Island jeweils Juli 1991.*

Ergänzungen und Erweiterungen

Bisher haben wir bewußt auf die genauere Begründung bestimmter Tatsachen und auf die Behandlung von Spezialfällen verzichtet. Die noch fehlenden Informationen wollen wir uns jetzt verschaffen. Wenn Sie das Alter der Gezeit „nach Sicht" bestimmen, können Sie den folgenden Abschnitt überspringen und auf Seite 50 weiterlesen.

Bestimmung des Alters der Gezeit mit Hilfe der Mondphasen

Auf S. 21 hatten wir gesehen, daß man allein aus den Hoch- und Niedrigwasserhöhen die Gezeitenverhältnisse ablesen kann. Wir wollen jetzt eine vom BSH empfohlene Methode nachholen, die – formal – eine eindeutige Bestimmung ermöglicht. Die Zeit, die seit Neumond vergangen ist, wird *Mondalter* genannt. Daraus leitet sich die Bezeichnung *Alter der Gezeit* ab, die wir in Zukunft verwenden wollen. Wir benutzen zwei kleine Tabellen aus den Gezeitentafeln Band I. Einmal die Tafel 1 a und dann die Tafel 3 a, die auf S. 114 abgedruckt sind. Ihre Anwendung besprechen wir am besten an einem Beispiel.

Welches Alter der Gezeit ergibt sich am 12. August 1991 um 15.00 MESZ für Bremerhaven? Als erstes suchen wir in Tafel 3 a die nächst frühere Mondphase. Am 10. August ist um 02.28 UTC Neumond. Auf S. 45 hatten wir davon gesprochen, daß die Wassermassen der Nordsee verzögert mit dem Atlantik mitschwingen. Das heißt, es ist nicht genau zur Zeit des Neumondes Springzeit. (Zur Erinnerung: Nach Neumond und Vollmond ist immer SpZ, nach dem ersten und letzten Viertel Nippzeit.) Vielmehr tritt die Springzeit erst nach Ablauf einer Verzögerungszeit, der *Springverspätung* (SpV), ein. Diese Größe erhalten wir aus Tafel 1 a. Sie ist für Bremerhaven 3 Tage und 0 Stunden (d = Tag; merken Sie sich einfach englisch „day"). Da wir, wie schon auf S. 20 besprochen, vier Tage Springzeit rechnen, erhalten wir mit Mondphase und Springverspätung die *Mitte* der Springzeit. Unsere Rechnung sieht jetzt folgendermaßen aus:

Neumond	10. August	02.28 UTC
SpV	3	00.00
Mitte SpZ	13. August	02.28 UTC
-/+ 2 Tage		
Beginn SpZ	11. August	02.28 UTC
Ende SpZ	15. August	02.28 UTC

Die Angaben 02.28 UTC bzw. 04.28 MESZ sind natürlich für die Praxis wenig sinnvoll. Daß mit vier Tagen Springzeit gerechnet wird, ist ja ohnehin eine willkürliche Annahme. Wenn wir also 02.00 UTC oder 04.00 MESZ schreiben, ist das mehr als genug an „Genauigkeit".
Findet man bei dieser Rechnung als nächst frühere Mondphase das erste oder letzte Viertel, müßte man analog die *Nippverspätung* kennen, denn auf diese Mondphasen folgt ja die Nippzeit. Sie wird gleich der Springverspätung gesetzt. Wir rechnen demnach in diesem Fall im Prinzip genauso wie eben.
Unsere schon auf S. 20 besprochene Regel (aus dem Kapitel „Kleine Gezeitentheorie" wissen wir noch, wie sie zustande kommt: Denken Sie an den halben Mondmonat!) können wir auch folgendermaßen aufschreiben:

SpZ MtZ NpZ MtZ SpZ

| 2 ‖ 2 | 3 | 4 | 3 | 2 ‖ 2 |

Der doppelte senkrechte Strich markiert die Mitte der Springzeit. Es folgen noch 2 Tage Springzeit, dann 3 Tage Mittzeit, 4 Tage Nippzeit, 3 Tage Mittzeit und 2 Tage Springzeit bis zur Mitte der nächsten Springzeit. Insgesamt sind das 14 Tage, was ungefähr einem halben Mondmonat entspricht.

Übungsaufgaben

Die Aufgaben sind mit Hilfe der Tafeln 1 a und 3 a auf Seite 114 zu lösen.

Es ist jeweils das Alter der Gezeit zu bestimmen.

1. Am 15. Juni 1991 um 11.00 MESZ in Husum.
2. Am 1. August 1991 um 16.00 MESZ in Emden.
3. Am 25. Juni 1991 um 04.30 MESZ in Le Havre.

Verbesserung wegen halbmonatlicher Ungleichheit

Wir suchen für den Anschlußort Nr. 1031 (Ile de Batz) am 5. Juli 1991 Zeiten und Höhen des Hoch- und Niedrigwassers. Die Angaben für den Anschlußort finden sich auf S. 113. Der Bezugsort ist Brest. Dafür sind die erforderlichen Werte auf S. 109 abgedruckt. Ein solches Beispiel haben wir doch schon gerechnet? Hier tritt aber eine Besonderheit auf. Sie finden rechts in der zweiten Spalte hinter dem Namen „Ile de Batz" eine kleine „5". Sie weist auf die Nummer 5 der Tafel 4 hin (S. 115). Die Tafel liefert eine *Verbesserung** (Korrekturwert).
Zunächst schreiben wir aber die Werte für Brest auf:

	NW		HW		NW		HW	
Brest	04.13	2,5 m	10.13	6,1 m	16.40	2,7 m	22.42	6,1 m

Versuchen Sie zur Übung, mit dem auf Seite 48 geschilderten Verfahren das Alter der Gezeit zu bestimmen! Es muß sich NpZ ergeben. Schauen Sie jetzt bitte die Tafel 4 auf S. 115 an. Die Verbesserung soll mit der HWZ bzw. NWZ des *Bezugsortes* bestimmt werden, wie Sie am unteren Tafelrand lesen können. Die erste NWZ für Brest ist 04.13. Wir schauen unter Nr. 5 in der Zeile NW nach und sehen, daß der gesuchte Wert für 04.13 zwischen – 18

* Genauere Betrachtung und Definition siehe Band I der Gezeitentafeln.

min (04.00) und – 13 min (05.00) liegen muß. Für 04.13 ergeben sich also – 17 min. Für die HWZ 10.13 liegt der gesuchte Wert zwischen – 10 min (10.00) und – 09 min (11.00). Also ergeben sich – 10 min. Die vollständige Rechnung sieht jetzt so aus:

	NW		HW		NW		HW	
Brest	04.13	2,5 m	10.13	6,1 m	16.40	2,7 m	22.42	6,1 m
Ile de B.	+ 01.00	+ 0,5 m	+ 00.56	+ 1,1 m	+ 01.00	+ 0,5 m	+ 00.56	+ 1,1 m
Verb.	– 00.17	–	– 00.10	–	– 00.15	–	– 00.09	–
Ile de B.	04.56	3,0 m	10.59	7,2 m	17.25	3,2 m	23.29	7,2 m

In unserem Falle sind die Korrekturwerte relativ klein. Sie können aber in ungünstigen Fällen eine halbe bis dreiviertel Stunde erreichen und müssen dann auf jeden Fall berücksichtigt werden.

Übungsaufgabe

Zur Lösung der Aufgabe sind die Auszüge aus den Gezeitentafeln im Anhang A und das ausklappbare Kurvenblatt zu verwenden.

Welche Höhe der Gezeit ist am 3. August 1991 um 14.15 MESZ bei Château du Taureau (Nr. 1028) zu erwarten?

Kartennull und Kartentiefe

Auf S. 18 hatten wir ohne weitere Begründung gesagt, die Höhe der Gezeit H sei auf einen besonders niedrigen Wasserstand, das sogenannte Kartennull, bezogen. Dieses wichtige Problem wollen wir jetzt etwas genauer unter die Lupe nehmen.

Unser Problem hängt mit einem anderen zusammen. Mit der Frage nämlich, was die in die Seekarte eingedruckten Tiefenangaben in Gezeitengebieten eigentlich bedeuten, da die Wassertiefe dort ja nicht konstant ist.

Die Tiefenangaben beziehen sich (an der deutschen Nordseeküste) auf das örtliche mittlere Springniedrigwasser. Die Kartenangabe, die *Kartentiefe,* ist der Abstand vom Grund bis zu diesem so festgelegten Wasserstand. Wir lassen die Definition erst einmal auf uns wirken und versuchen dann, sie zu verstehen.
Springniedrigwasser (SpNW), das NW zur Springzeit, ist nach unseren früheren Überlegungen ein besonders niedriges NW. Mittleres SpNW heißt, man hat aus den SpNW über einen längeren Zeitraum den Mittelwert gebildet. Da dieser Wert in Helgoland natürlich ein anderer ist als in Cuxhaven, ist das mittlere SpNW von Ort zu Ort verschieden und wird durch den Zusatz „örtlich" gekennzeichnet.
Wenn man überall in einem Gezeitengebiet dieses mittlere SpNW kennen würde, könnte man es über der jeweiligen Position grafisch auftragen. Stellen Sie sich vor, die Endpunkte dieser Strecken wären sämtlich miteinander verbunden. Was würde sich dann ergeben? Eine gewellte Fläche. Diese Fläche stellt für das betreffende Gebiet das *Seekartennull oder Kartennull* (KN) dar. Wir erkennen jetzt den Grund für die zunächst verwirrende Definition des KN. Wenn wir (mit dem Handlot) von der Wasseroberfläche aus loten, werden wir in der Regel eine größere Wassertiefe feststellen, als in der Karte angegeben ist, da das KN einen besonders niedrigen Wasserstand darstellt, der nur selten unterschritten wird.
Ständig vom Wasser bedeckte Gebiete werden bekanntlich in der Karte blau oder weiß dargestellt; liegen sie jedoch zeitweise über der Wasseroberfläche – wir sagen nautisch, sie fallen trocken –, dann sind sie grün. Dabei wird die *trockenfallende Höhe über Kartennull* durch eine unterstrichene Zahl gekennzeichnet. In Abb. 23 bedeutet $\underline{2}_4$ demnach, daß dieser Punkt 2,4 m über Kartennull liegt.
Regionen, die sich ständig über der Wasseroberfläche befinden, sind in der Karte an ihrem Braunton zu erkennen. Wenn für solche Gebiete Höhenangaben gemacht werden, dann beziehen diese sich (in Deutschland) auf *Normalnull.* Solche Höhen werden mit Dezimalkomma geschrieben und sind nicht geneigt. Betrachten Sie dazu auch den beigelegten Kartenausschnitt, beispielsweise die Insel Trischen und Umgebung. Prägen Sie sich diese Begriffe und ihren Zusammenhang gut ein, wir werden diese Kenntnisse bei

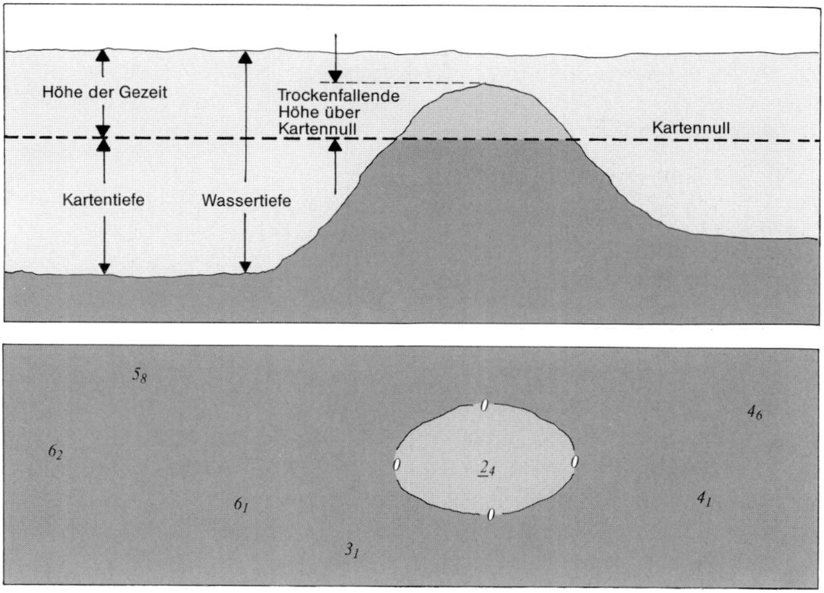

23 *Trockenfallendes Gebiet im Querschnitt (oben) und in der Karte (unten).*

der Lösung praktischer Fragestellungen noch häufiger benötigen. Die Beeinflussung des Wasserstandes durch meteorologische Effekte behandeln wir auf S. 63.

Nach der Empfehlung der Internationalen Hydrographischen Konferenz soll das KN so festgelegt werden, daß dieser Wasserstand nur selten unterschritten wird. Wir brauchen daher die in den einzelnen Ländern geltenden Festlegungen nicht genau zu besprechen. Man findet sie (für Europa) in Band I der Gezeitentafeln. Genauere Angaben sind auch in den Seehandbüchern gemacht.

Die besprochene Definition des KN als örtliches mittleres Springniedrigwasser gilt an der deutschen Nordseeküste, für Ems und Jade und die Mündungsgebiete von Weser und Elbe. Flußaufwärts stimmt das KN auf Weser und Elbe etwa mit dem örtlichen mittleren *Niedrigwasser* überein.

Übungsaufgaben

1. Die Höhe der Gezeit ist
   a) die aktuelle Wassertiefe in Gezeitengewässern,
   b) die Wasserstandsdifferenz zwischen Niedrigwasser und Hochwasser,
   c) der Abstand zwischen Kartennull und der Wasseroberfläche,
   d) ein anderer Name für den Tidenhub.
2. Sie finden in der Karte die Angabe $\underline{4}_9$. Die betreffende Stelle fällt also 4,9 m trocken. Das bedeutet, daß
   a) die Stelle bei HW noch 4,9 m aus dem Wasser ragt,
   b) die Stelle bei NW 4,9 m über der Wasseroberfläche liegt,
   c) die betreffende Stelle 4,9 m über Kartennull liegt.

Gezeitenstrom

Zu einer Änderung des Wasserstandes bzw. der Höhe der Gezeit kann es an einem bestimmten Ort natürlich nur dann kommen, wenn entsprechende Wassermassen beim Steigen (Flut) oder Fallen (Ebbe) des Wassers bewegt werden. Die horizontalen Bewegungen der riesigen Wassermassen in Gezeitengebieten beobachten wir als Gezeitenstrom. Die periodischen Wasserstandsänderungen und der Gezeitenstrom sind also – wenn wir das einmal etwas hochgestochen ausdrücken – zwei Erscheinungsformen, in denen sich das Naturphänomen „Gezeiten" äußert.

Wir haben gesehen, wie verwickelt die bisher betrachteten Gezeitenerscheinungen waren. Das gleiche gilt naturgemäß für den Strom. Nach dem, was wir gerade besprochen haben, können wir auch eine Analogie oder Verwandtschaft zwischen Wasserstand oder Höhe der Gezeit und Strom erwarten. Der Gezeitenstrom müßte von Position zu Position verschieden sein, von der Zeit abhängen und sich auch mit dem Alter der Gezeit verändern.

Wir können das mit einer bestimmten Technik sehr schön anschaulich machen und wählen dazu zwei Beispiele aus. Zuerst betrachten wir den Gezeitenstrom auf der Alten Hever, etwa 11 sm südwestlich der Insel Pellworm (Westküste Schleswig-Holstein). Wir tragen den Strom nach Richtung und Stärke jeweils im Abstand von einer Stunde als Strompfeil für diesen Ort auf (Abb. 24). Dabei bedeuten die Zahlen 0, +1, −1 ..., daß der zugehörige Stromvektor für die Hochwasserzeit von Helgoland (0), eine Stunde nach HW Helgoland (+1), eine Stunde vor HW Helgoland (−1) usw. gilt. Die Zeichnung stellt eine sogenannte *Stromfigur* dar. Sie zeigt, daß der Strom auf der Alten Hever mit zunehmender Zeit gegen den Uhrzeigersinn dreht. Es sind auch

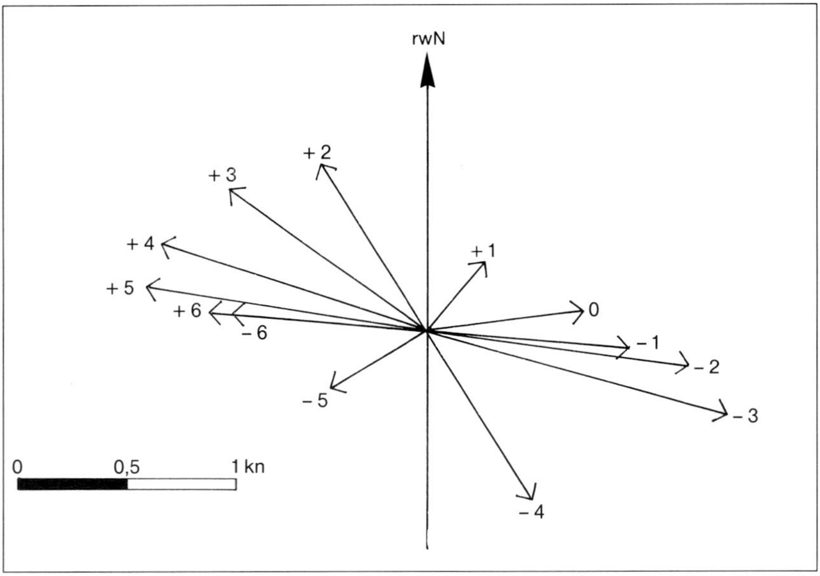

24 *Stromfigur für die Alte Hever zur Springzeit.*

Vorzugsrichtungen des Stroms erkennbar. Der *Ebbstrom* (*nach* HW, +) setzt etwa in Richtung 300°, während der *Flutstrom* (−) ungefähr in die Richtung 100° setzt. Es tritt hier kein *Stillwasser* auf. Der schwächste Strom ist ungefähr fünf Stunden vor HW und eine Stunde nach HW Helgoland zu erwarten. Abb. 25 zeigt einen Kartenausschnitt dieses Gebietes. Die Position, für die die Stromangaben gelten, liegt noch etwas vor den Sänden und Rinnen. Daher kann der Gezeitenstrom hier in verschiedene Richtungen setzen.

Rechte Seite:
25 *Die Stromfigur der Abb. 24 gilt für die durch ein Kreuz gekennzeichnete Position. (Ausschnitt aus der D 106.)*

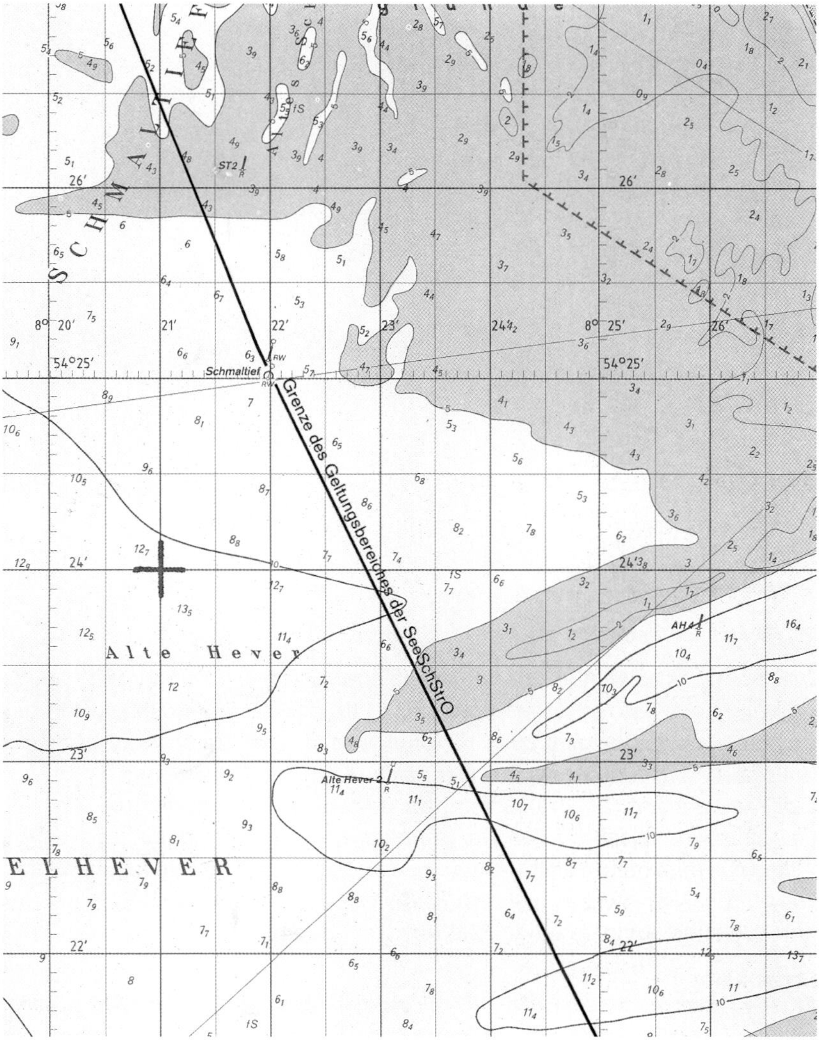
Schmaltief
Grenze des Geltungsbereiches der SeeSchStrO
Alte Hever
Alte Hever 2
ELHEVER
ST2
AH4
54°25'
8° 20'
21'
22'
23'
24'
8° 25'
26'

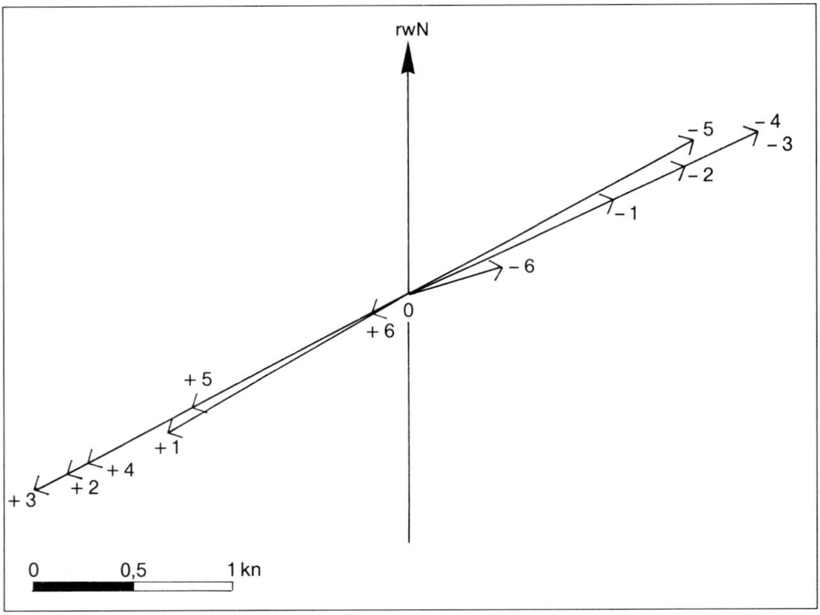

26 *Stromfigur für die Norderhever zur Springzeit.*

Das zweite Beispiel (Abb. 26) sieht völlig anders aus. Der Strom setzt nahezu „hin und her". Das heißt, der Ebbstrom in 240° und der Flutstrom in 060°. Hier tritt zur Hochwasserzeit (0) und näherungsweise auch zur Niedrigwasserzeit Stillwasser auf, denn sechs Stunden nach HW ist die Stromstärke nur 0,2 kn. Ein Blick auf Abb. 27 verdeutlicht, warum das so ist. Verhältnisse wie hier sind charakteristisch für den Gezeitenstrom auf Flüssen und in Prielen. Allerdings muß der Strom nicht immer dem Fahrwasserverlauf folgen. Wenn, wie auf der Außenweser, mehrere Fahrwasser, Nebenarme und Einmündungen bestehen, kann es erhebliche Abweichungen in der Stromrichtung ge-

Rechte Seite:
27 *Die Stromfigur der Abb. 26 gilt für die durch ein Kreuz gekennzeichnete Position. (Ausschnitt aus der D 106.)*

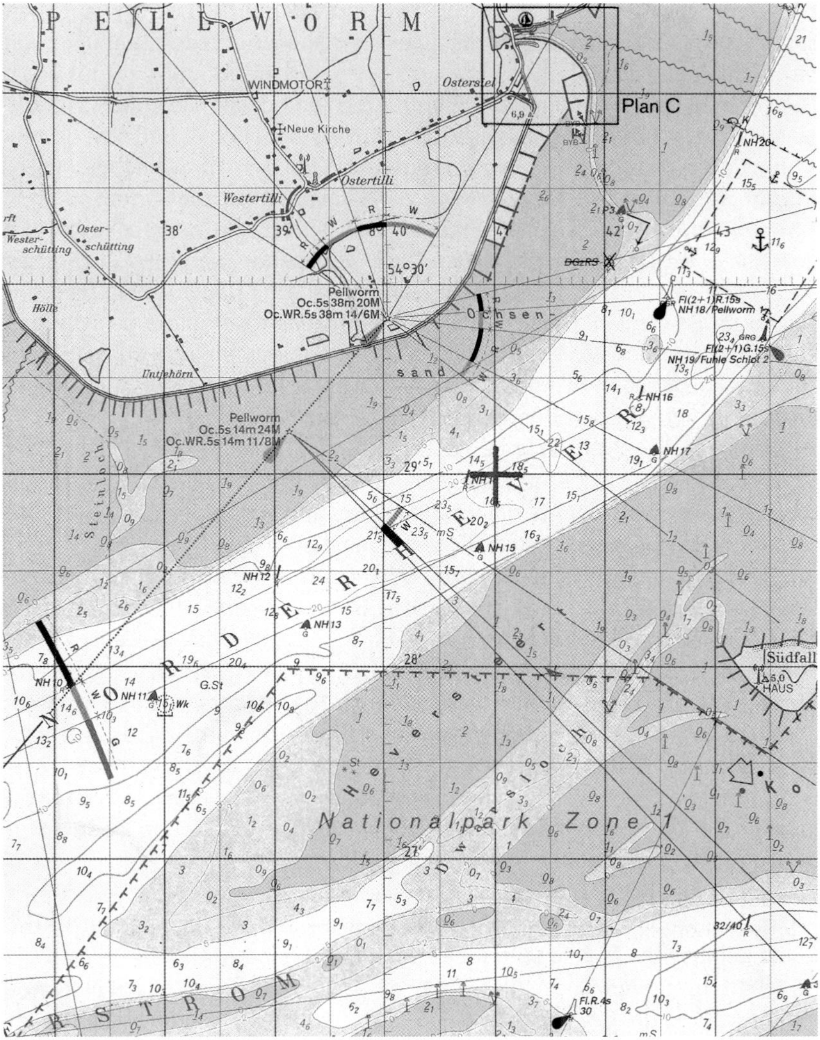
PELLWORM
WINDMOTOR
Ostersiel
Plan C
Neue Kirche
Ostertilli
Westertilli
Oster-
schütting
Wester-
schütting
Hölle
Untjehörn
Pellworm
Oc.5s 38m 20M
Oc.WR.5s 38m 14/6M
Ochsen-
sand
Pellworm
Oc.5s 14m 24M
Oc.WR.5s 14m 11/8M
Steinloch
NORDERHEVER
NH 10
NH 11
NH 12
NH 13
NH 15
NH 16
NH 17
NH 20
Fl(2+1)R.15s
NH 18/Pellworm 1
Fl(2+1)G.15s
NH 19/Fuhle Schlot 2
DG2RS
Südfall
HAUS
Hever
Dwarsloch
Nationalpark Zone 1
STROM
Fl.R.4s
30
32/40

ben. Dabei verhält sich der Flutstrom anders als der Ebbstrom. Oft kann man schon aus der Karte wichtige Aufschlüsse erhalten. Auch das Seehandbuch gibt einige Hinweise.
Die behandelten Stromfiguren gelten für die Springzeit. Wie sehen sie aber beispielsweise für Nippverhältnisse aus? Im wesentlichen ändert sich nur die *Stromstärke.* Ganz grob kann man sagen, daß bei sich nur wenig ändernder Stromrichtung die Stromstärke etwa 20% kleiner ist als zur Springzeit.
So schön und instruktiv solche Figuren auch sind, für die praktische Navigation helfen sie uns nicht viel weiter. Dafür verwenden wir einen Stromatlas und das Seehandbuch. Den Gebrauch dieser Unterlagen behandeln wir wieder an Beispielen. Damit unser kleines Gezeitenbuch nicht den Umfang eines Konversationslexikons annimmt, beschränken wir uns auf den vom BSH herausgegebenen Atlas der Gezeitenströme in der Deutschen Bucht und wie üblich auf den Band I der Gezeitentafeln.
Welcher Gezeitenstrom ist am 29. Juli 1991 um 11.30 MESZ auf 53° 52′ N 007° 52′ E zu erwarten? Der Atlas zeigt den Gezeitenstrom für einen Zeitraum von 6 Stunden vor bis 6 Stunden nach HW Helgoland zur Springzeit. Auf S. 116 ist eine Seite aus diesem Atlas wiedergegeben.
Am 29. Juli gelten für Helgoland Springverhältnisse, wie uns ein Blick auf die Werte von S. 106 zeigt. 11.30 MESZ (das „S“ heißt Sommer!) bedeutet 10.30 MEZ. Denken Sie bitte daran, daß im Band I der Gezeitentafeln alle Zeitangaben in MEZ erfolgen! Um 13.30 MEZ ist in Helgoland HW. Wir suchen den Strom also für 13.30 − 10.30 = 3 Stunden vor HW Helgoland. Das erforderliche Blatt aus dem Stromatlas ist, wie schon erwähnt, auf S. 116 abgedruckt. Es ergibt sich, daß der Strom etwa in Richtung 104° mit 1,7 kn setzt. Das Beispiel ist natürlich, wie ich zugeben muß, etwas „hingetrickst“. So genau müssen die Werte selbstverständlich nicht hinkommen. In den Übungsaufgaben (S. 62) behandeln wir ein weiteres Beispiel.
Wenn wir jetzt noch einmal die Atlasseite auf S. 116 anschauen, erkennen wir, daß kaum Stromangaben für die Flußreviere und die unmittelbar vor der Küste gelegenen Gebiete vorhanden sind. Hier könnten wir zum Teil auf die Angaben im großen Stromatlas (Atlas der Gezeitenströme für die Nordsee, den Kanal und die Britischen Gewässer) zurückgreifen. Die Anwendung der dort aufgeführten Gezeitenstromtabellen ist bei unserem jetzigen Kenntnis-

stand überhaupt kein Problem. Wir verzichten daher auf eine genauere Besprechung.
Aber auch der große Atlas schweigt sich über Angaben zu den Flußrevieren weitgehend aus. Hier hilft uns nun das Seehandbuch. Am besten gehen wir wieder von einem Beispiel aus. Wir laufen weseraufwärts und stehen am 22. Juni 1991 um 07.15 MESZ bei der Tonne 57, querab von der Einfahrt zur Nordschleuse Bremerhaven. Mit welchem Strom haben wir zu rechnen?
Schlagen Sie jetzt die Tabelle auf S. 117 auf. Die Angaben beziehen sich auf HW Bremerhaven. Also betrachten wir zunächst die Gezeitenangaben von Bremerhaven auf S. 108. Am 22. Juni ist offenbar Nippzeit.
07.15 MESZ bedeutet 06.15 MEZ. Das nächstgelegene HW tritt in Bremerhaven um 09.28 ein. 06.15 bedeutet 3 Stunden 13 Minuten vor HW Bremerhaven. Nach der Tabelle auf S. 117 tritt für unsere Position der einlaufende Strom 5 Stunden 10 Minuten vor (−!) HW Bremerhaven ein. Der stärkste Strom ist 3 Stunden 10 Minuten vor HW zu erwarten, was etwa mit unserer Situation übereinstimmt. Die größte Stromstärke beträgt 2,8 kn. Da das für die Springzeit gilt, wir aber Nippzeit haben, sollen nach Seehandbuch für den einlaufenden Strom 25% abgezogen werden. Für den auslaufenden Strom wären 20% zu subtrahieren. Also hätten wir 2,8 kn − 25% von 2,8 kn = 2,8 kn − 0,7 kn = 2,1 kn. Die Stromrichtung ist hier durch den Verlauf der Weser gegeben.
Es sei noch erwähnt, daß in einigen Seekarten zur groben Orientierung *Gezeitenstromtabellen* eingedruckt sind. So findet sich beispielsweise in der Karte 44 – auf unserem Ausschnitt nicht mehr zu sehen – eine solche Tabelle. Sie gibt für sechs ausgewählte Positionen den Strom nach Richtung und Geschwindigkeit zur Spring- und Nippzeit an. In manchen Seekarten findet man auch Strompfeile mit Geschwindigkeitsangaben in Knoten. Ein gefiederter Pfeil bedeutet dabei den Flutstrom, ein gewöhnlicher Pfeil den Ebbstrom.
In unseren Beispielen haben wir nur den Strom bestimmt. Der ist natürlich nicht Selbstzweck. Wir benötigen ihn für die Navigation und für die Törnplanung. Außerdem war unsere Betrachtung noch ein bißchen zu „akademisch". Auf die sich hier ergebenden Fragen kommen wir auf S. 72 zurück.

Übungsaufgaben

Zur Lösung der Aufgaben sind die Auszüge aus den Gezeitentafeln, dem Atlas der Gezeitenströme in der Deutschen Bucht und dem Seehandbuch (Nordsee-Handbuch, Östlicher Teil) im Anhang A zu verwenden.

1. Was bedeutet der Hinweis im Seehandbuch: „Die Gezeitenströme setzen hier im wesentlichen hin und her"?
2. In welche Richtung und mit welcher Stärke (Stromgeschwindigkeit) setzt der Gezeitenstrom am 15. Juni 1991 um 12.00 MESZ auf 53° 33′ N 006° 00′ E?
3. Wir laufen unter Motor weserabwärts und haben am 30. Juli 1991 um 07.30 MESZ die Tonne 44 nahebei passiert. Die Karte zeigt, daß wir uns vor dem Wremer Loch befinden und mit den Angaben querab Richtfeuer Wremer Loch rechnen können.
   Welchen ungefähren Gezeitenstrom könnten wir annehmen?

Meteorologische Einflüsse und Zuverlässigkeit der Gezeitenangaben

Eine für die Praxis zentrale Frage ist die nach der Zuverlässigkeit der vorausberechneten Gezeiteninformationen. Wie genau sind die in den Gezeitentafeln angegebenen Werte? Wieweit kann ich mich auf die Angaben im Stromatlas verlassen?
Wir besprechen diese Problematik zunächst für die Wasserstände und dann für den Gezeitenstrom. Dabei sollen vor allem die Gegebenheiten in der Deutschen Bucht behandelt werden.
Gezeitenvorausberechnungen für Bezugsorte basieren in der Regel auf einem Beobachtungsmaterial von mindestens 19 Jahren*. In den Datensätzen sind damit auch klimatische, also über einen längeren Zeitraum wirkende Einflüsse auf die Gezeiten eingeschlossen. Aktuelle Wettereffekte, die heute selbst bei großem Aufwand höchstens für eine Woche mit höherer Zuverlässigkeit vorausgesagt werden können, sind selbstverständlich nicht berücksichtigt. Es weiß eben niemand, ob und wann im nächsten Frühjahr ein NW-Orkan über der Nordsee zu erwarten ist. Das müßte man aber mehrere Monate oder gar ein Jahr im voraus wissen, weil die Gezeitentafeln schon ein halbes Jahr im voraus gedruckt werden.
Diese Tatsache hat nun ganz wesentliche Konsequenzen. Die Vorausberech-

* Für Spezialisten: In dieser Zeit (genauer: in 18,6 Jahren) sind die Durchstoßpunkte der Mondbahn durch die Ekliptik, die Mondknoten, einmal (um 360°) umgelaufen, so daß dann etwa wieder gleichartige Verhältnisse vorhanden sind.

nungen gelten für *mittlere* meteorologische Bedingungen, wie sie im langjährigen Mittel statistisch gelten. Bei Abweichungen von diesen Verhältnissen sind entsprechende Auswirkungen auf die Gezeiten zu erwarten. Die Vorausberechnungen werden daher normalerweise nicht auf den Dezimeter genau mit den tatsächlichen Werten übereinstimmen.
Ursache für die Abweichungen sind vor allem der *Wind* und in geringerem Maße der *Luftdruck.* Einflüsse durch Fehler in den Datensätzen und in der numerischen Aufbereitung können dagegen bei den heute verwendeten Registrier- und Rechentechniken ausgeschlossen werden. Auch Änderungen durch Baggerarbeiten, Verlagern von Sänden usw. werden vom BSH laufend erfaßt und in die Rechnungen eingearbeitet.
Ich möchte Ihnen jetzt ein extremes Beispiel zur Veranschaulichung unserer Überlegungen zeigen. Betrachten Sie bitte die Wetterkarte unten (Abb. 28).

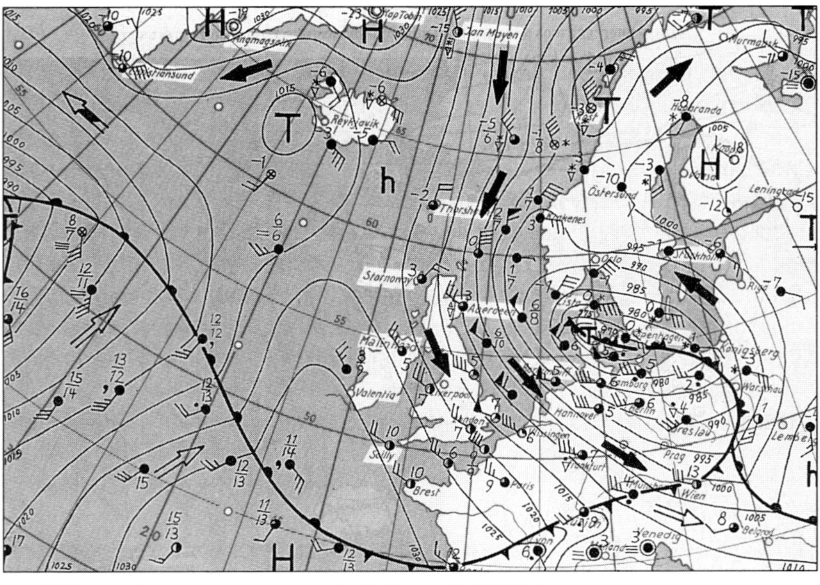

28 *Höhepunkt des Orkans am 3. 1. 1976 um 12.00 UTC.*

Sie zeigt den Höhepunkt des schweren Orkans vom 3. Januar 1976 mit 10 bis 12 Bft über der Nordsee. Bei diesem NW-Orkan wurden die Wassermassen in die Deutsche Bucht und die Mündungstrichter der Flüsse gedrückt. Als Folge davon lief zum Beispiel das HW in Husum auf 7,68 m auf und das in Hamburg auf 7,85 m. Die vorausberechneten Werte waren 3,7 m und 2,6 m. In einer solchen Situation ist das NW höher als das mittlere Hochwasser!
Die Verhältnisse können auch umgekehrt sein. Bei stürmischen Ost- und Südostwinden wird das Wasser aus den Flüssen und der Deutschen Bucht herausgedrückt. Die Folge sind niedrige HW und NW. So wurde beispielsweise am 7. Dezember 1959 in Brunsbüttel eine Hochwasserhöhe von nur 0,15 m gemessen; sie lag damit fast 3 m unter dem vorausberechneten Wert.
Durch den Luftdruck können die Wasserstände um einige Dezimeter erhöht (besonders niedriger Druck) oder vermindert werden (besonders hoher Druck). Schließlich können sich auch Luftdruck und Windverhältnisse außerhalb der Nordsee mit einer gewissen Verzögerung auf die Gezeiten in der Deutschen Bucht auswirken. Diese Einflüsse können fast einen Meter ausmachen.
Welches Fazit kann aus diesen Tatsachen gezogen werden? Nun werden wir nicht gerade im Januar oder Dezember auf der Nordsee segeln, das ist schon richtig. Aber so extrem, wie eben betrachtet, brauchen die meteorologischen Bedingungen gar nicht zu sein. Auch bei relativ friedlichem Wetter ist es also, wie schon besprochen, nichts mit dem einem Dezimeter an Genauigkeit. Die vorausberechneten Werte müssen als *Erwartungswerte* angesehen werden, die in der Regel um einige Dezimeter nach oben oder unten von der Realität abweichen. Das heißt aber auch, wir rechnen bei der Törnplanung nicht ängstlich auf zwei Stellen hinter dem Komma, und wir kalkulieren entsprechende Lose ein, und: Wir hören regelmäßig die *Wasserstandsvorhersagen.*
Die vom BSH herausgegebenen Wasserstandsvorhersagen für die deutsche Nordseeküste, Emden, Bremen und Hamburg beziehen sich auf das *mittlere Hochwasser,* also auf das über einen langen Zeitraum gemittelte Hochwasser. Die durch astronomische Effekte und die besprochenen meteorologischen Effekte zu erwartenden Abweichungen vom mittleren Hochwasser werden in diesen Vorhersagen verbreitet. Das mittlere Hochwasser der deut-

schen Bezugsorte finden wir bei den mittleren Tidenkurven. Für Bremerhaven (S. 110) ist es zum Beispiel 3,83 m. Die erwarteten Abweichungen vom mittleren Hochwasser werden etwa 12 Stunden im voraus von verschiedenen Rundfunksendern ausgestrahlt. Einzelheiten über Frequenzen und Sendezeiten finden sich im Nautischen Funkdienst bzw. im Sprechfunk für Küstenschiffahrt und auch im Jachtfunkdienst.
Die Frage nach der Zuverlässigkeit der Gezeiten*strom*angaben ist nicht so einfach zu beantworten. Im Gegensatz zu den Vorausberechnungen der Wasserstände gibt es hier auch Datenprobleme. Es liegen nicht für alle interessierenden Gebiete genügend lange Meßreihen vor. Wir müssen bedenken, daß die Registrierung der Stromrichtung und der Stromstärke durch Meßbojen wesentlich komplizierter ist als die Aufzeichnung der Wasserstände. Hinzu kommt, daß auch der Windeinfluß auf den Gezeitenstrom nur ungenügend bekannt ist. Immerhin kann festgestellt werden, daß sich bei länger anhaltendem Wind aus einer Richtung dem Gezeitenstrom ein durch den Wind hervorgerufener Strom überlagert. Seine Geschwindigkeit kann mit 2 bis 3% der Windgeschwindigkeit angesetzt werden.
Nehmen wir als Beispiel starken Wind von 25 kn (6 Bft) an, dann hätte der zusätzliche Strom eine Geschwindigkeit von etwa 0,5 bis 0,8 kn. Das hilft für die Praxis allerdings auch nicht viel weiter, denn wir können kaum eine Angabe zur Richtung dieses Stromes machen. Aus dieser Überlegung kann nur geschlossen werden, daß auch die Zuverlässigkeit der Stromangaben begrenzt ist. Das klingt nicht gerade sehr ermutigend. Wie helfen wir uns in der Praxis? Wie aus der terrestrischen Navigation bekannt, können wir den Koppelort mit dem Schiffsort vergleichen. Wenn die festgestellte Versetzung nur vom Strom hervorgerufen wurde, läßt er sich aus der Versetzung bestimmen. Diese Aufgabe kann auch von modernen Navigationsgeräten gelöst werden.

Übungsaufgaben

Zur Lösung der Aufgaben sind die Auszüge aus den Gezeitentafeln im Anhang A zu verwenden.

Am 6. August 1991 soll nach Wasserstandsvorhersage das Morgenhochwasser an der deutschen Nordseeküste, in Emden, Bremen und Hamburg etwa 1 bis 3 dm niedriger als das mittlere Hochwasser eintreten. Mit welcher Hochwasserhöhe wäre zu rechnen

a) in Büsum,

b) in Bremerhaven?

Treten größere Abweichungen zu den Vorhersagen auf?

Besonderheiten der Navigation in Gezeitengewässern

Diese bestehen natürlich vor allem in der Berücksichtigung der Gezeiten. In diesem Kapitel wollen wir aber diesen Gesichtspunkt weitgehend ausklammern, da wir ihn bei der Behandlung der praktischen Probleme im nächsten Kapitel diskutieren werden. Besprochen werden sollen nur noch einmal kurz einige Grundprinzipien der Navigation und navigatorische Besonderheiten von Gezeitengewässern mit der gerade erwähnten Einschränkung.
Je näher wir einer navigatorischen Gefahr sind, desto genauer muß unsere Position sein, und desto häufiger müssen wir die Position kontrollieren. Dabei können navigatorische Gefahren zum Beispiel Untiefen, Rocks (unter der Wasseroberfläche liegende Klippen, in der Seefahrt Rocks genannt) usw. sein. Weit draußen, im freien Seeraum, haben wir keine Probleme. Irgendwann machen wir aber den *Landfall.* Dafür brauchen wir einen zuverlässigen Ort, denn wir setzen ja von dieser Position den entscheidenden Kurs ab. In den uns hier vor allem interessierenden europäischen Gezeitengewässern steht dafür in den meisten Fällen Decca zur Verfügung. Am Tage liefert dieses Navigationsverfahren in der Regel eine Genauigkeit von einigen Kabellängen oder besser. Die Genauigkeit hängt im wesentlichen davon ab, wie weit die Decca-Sender entfernt sind und wie unser Boot relativ zu den Sendern steht. Es kann allerdings auch am Tage zu größeren Fehlern oder zum totalen „Aussteigen" des Empfängers kommen.
Nachts ist die Genauigkeit geringer; in ungünstigen Fällen können Fehler im Bereich von Seemeilen auftreten. Auch nachts kann es zu Totalausfällen der Empfangsanlage kommen.
GPS befindet sich (1992) noch in der Erprobungsphase. Die für zivile Nutzer verfügbare Genauigkeit liegt bei 100 m. GPS wird die Navigation revolutionieren. Trotzdem, und trotz aller von Herstellern, Zeitschriften und Büchern verbreiteten Euphorie, ist eine nüchterne Einschätzung angebracht. Die

angegebene Genauigkeit ist die *Systemgenauigkeit.* Das heißt, sie wird, auch wenn GPS den Normalbetrieb aufgenommen hat, unter Praxisbedingungen nicht erreicht*.

Wenn wir diese Punkte einkalkulieren und insbesondere mögliche Kinderkrankheiten und Übergangsschwierigkeiten von GPS beachten, können wir sowohl GPS als auch Decca für die Bestimmung der Landfallposition verwenden. Falls möglich, sollten wir die Position natürlich auch terrestrisch mit einer ganz ordinären Kreuzpeilung bestimmen, zumindest zur Kontrolle. Der weitere Fortgang unserer Navigation hängt jetzt davon ab, wo wir fahren. In der Regel werden wir ganz normale terrestrische Navigation betreiben. Wir navigieren am Tage primär nach Tonnen und nachts primär nach Feuern. Günstige Verhältnisse vorausgesetzt, können wir uns auch mit Decca oder GPS von einer Tonne zur anderen „hangeln". Auf einem schwierigen Revier mit Bänken und Sänden wird das aber zumindest problematisch. Selbstverständlich lassen wir die ganze Zeit über das Lot mitlaufen.

Richtig interessant wird es aber, wenn wir kleinere und enge *Wattfahrwasser* befahren. Zunächst noch eine Erinnerung an die terrestrische Navigation: In trockenfallenden Gebieten werden zur Kennzeichnung der *Fahrwasserseiten Stangen* mit Besen abwärts (Steuerbordseite) oder Besen aufwärts (Backbordseite) verwendet. Zur Kennzeichnung der Backbordseite setzt man auch *Pricken* (das sind Birken mit Ästen) ein (Abb. 29 und 30). Zum Teil werden diese Seezeichen auch mit grünen (Steuerbordseite) und roten (Backbordseite) (reflektierenden) Bändern versehen. So gekennzeichnete Fahrwasser oder auch Abzweigungen und Krümmungen werden an Beginn und Ende mit Gruppen von zum Beispiel zwei Pricken markiert.

Wenn wir nach solchen Seezeichen fahren wollen, sollten wir natürlich wissen, an welcher Seite sie passiert werden müssen. Also muß die *Betonnungsrichtung* bekannt sein. Ist diese nicht eindeutig, wird sie in der Karte durch einen Pfeil gekennzeichnet. Betrachten Sie dazu unseren Kartenausschnitt in der Beilage, beispielsweise den Altfelder Priel auf etwa 54° 03′ N und 008° 48′ E. Damit ist also eindeutig gekennzeichnet, welches die Steuerbord- und Backbordseite ist.

* Auf die mit Differential-GPS erzielbare höhere Genauigkeit können wir hier nicht eingehen.

29 *Stange mit Besen abwärts zur Kennzeichnung der Steuerbordseite eines Wattfahrwassers.*

30 *Pricke zur Kennzeichnung der Backbordseite eines Wattfahrwasser.*

Watten unterliegen ständigen Änderungen. Damit ändern sich auch die Wattfahrwasser. Die Seezeichen müssen häufig versetzt werden. Da sie dem Einfluß der See nicht so standhalten können wie eine an der Kette schwoiende Tonne, werden sie schon einmal aus dem Sand herausgespült.
Welche Konsequenzen hat das für uns? Zum einen bedeutet es, wir verwenden hier die besten *bekannten* nautischen Informationen, und die sind in

den amtlichen berichtigten Seekarten dokumentiert (s. auch S. 12). Andererseits ist klar, daß wir mit Differenzen zwischen den Kartenangaben und der Realität rechnen *müssen.* Das gilt natürlich ebenfalls für die Wassertiefen. Auch wenn in den Nachrichten für Seefahrer die Wassertiefen einiger Seegatten und Wattfahrwasser von Zeit zu Zeit bekanntgegeben werden, müssen wir immer mit Abweichungen gegenüber der Realität rechnen. Also navigieren wir nach Sicht und mit ganz besonderer Vorsicht. Wir halten uns gut frei von den Stangen und Pricken. Gut frei heißt: etwa 5 bis 10 m. Das tiefste Wasser befindet sich nach Angabe des BSH in etwa 10 bis 15 m Abstand von den Seezeichen. Aber wie gesagt: Das gilt im Mittel. Sie werden aber bei Niedrigwasser feststellen, daß eine Pricke oder Stange sich manchmal nicht an diese Vorgaben hält. Bei Hochwasser kann man das aber nicht sehen!

Nicht besonders erwähnt werden muß eigentlich, daß man sich selbstverständlich vor einem Törn durch das Watt auch bei den einheimischen Sportschiffern, bei den Fischern und beim Hafenmeister nach irgendwelchen Besonderheiten und Veränderungen erkundigt.

Zum Schluß dieses Kapitels noch ein Hinweis zu *Radar.* Wirklich unangenehm wird es für uns als Sportschiffer meist bei plötzlich auftretender wesentlicher *Sichtverschlechterung.* Ganz besonders gilt das natürlich für schwierige Wattreviere. Was ist zu tun? Mit Gottvertrauen weiterfahren? Allemal am sichersten ist es, baldmöglichst den Anker wegzuschmeißen und auf bessere Sicht zu warten. Wenn wir von See aus den Landfall machen und uns schlechte Sicht überrascht, ist es das beste, um 180° Kurs zu ändern und nach See zuzuhalten.

Sind wir mit Radar ausgestattet, ist das in einer solchen Situation ohne Zweifel eine große Hilfe. Wegen der geringen Antennenhöhe, der vergleichsweise kleinen Sendeleistung und der nur mäßigen Peilungsauflösung können wir aber keine Wunder erwarten. Immerhin: Tonnen, Baken, Fischer und vor allem natürlich Feuertürme und große Schiffe sind ganz brauchbare oder gute Radarziele und daher gut erkennbar. Pricken, Stangen und irgendwelche Prielkanten (natürlich nicht von Wasser bedeckt) sind dagegen sehr schlechte Radarziele. Auch andere Yachten, vor allem ohne Radarreflektor, werden von der Radaranlage sehr schlecht erfaßt.

Die Lösung praktischer Gezeitenprobleme

Ganz so theoretisch, wie wir vielleicht aus der Überschrift schließen könnten, waren die bisher von uns gelösten Fragen natürlich nicht. Wir haben uns aber doch erst einmal mit der Bearbeitung etwas isoliert dastehender Aufgaben beschäftigt, wenn wir nach der Höhe der Gezeit für einen bestimmten Anschlußort gefragt haben oder wenn die Stromgeschwindigkeit bei einer bestimmten Tonne auf der Weser berechnet wurde. Was bisher fehlte, war der Zusammenhang, in dem das spezielle Problem stand.
Da wir nun – tatsächlich und endgültig – alle Vorarbeiten abhaken können, so soll das jetzt anders werden. Wir werden eine Reihe von typischen Gezeitenaufgaben behandeln, die Ihnen in dieser oder doch ähnlicher Form beim Befahren von Gezeitengewässern immer wieder begegnen werden. Für die Lösung dieser Aufgaben verwenden wir den beigefügten Kartenausschnitt. Dabei ist noch etwas wichtig: *Der Kartenausschnitt gibt die Verhältnisse für 1991 wieder.* Wenn Sie 1994 zufällig in diesem Gebiet segeln wollen, müssen Sie selbstverständlich die aktuelle Karte verwenden, denn die Priele und die Wattenhochs haben sich verlagert und geändert.

Lotungsbeschickungen

Wir befahren am 21. August 1991 mit einem 1,3 m tief gehenden Boot das Neufahrwasser nach Friedrichskoog und stehen um 11.15 MESZ bei der Tonne NFW7. Zunächst wollen wir klären, welche Gezeitenverhältnisse vorliegen. In der Praxis würden wir das selbstverständlich nicht erst jetzt überlegen, da wir eine sorgfältige Törnplanung durchgeführt haben.

Wir können nicht erwarten, daß unsere Position ein Anschlußort ist. Damit ergibt sich schon die erste Schwierigkeit. Für Positionen in Wattfahrwassern liegen keine oder nur unvollständige Gezeitenbeobachtungen vor. Selbst wenn es solche Beobachtungen gäbe, wären sie wegen der ständigen Änderungen nur kurze Zeit brauchbar. Es könnte auch sein, daß gar keine einigermaßen konstanten Gezeitenunterschiede anzugeben sind. Ein weiterer Punkt ist, daß viele Fahrwasser für die professionelle Seefahrt geringere Bedeutung haben, das BSH also auf die Herausgabe amtlicher Werte verzichtet. Diese Situation gilt in ähnlicher Weise aber generell. Aus Gründen der Machbarkeit kann nur eine begrenzte Zahl von Anschlußorten vorhanden sein. In den meisten Fällen werden wir nicht direkt bei einem solchen Ort (oder auch bei einem Bezugsort) stehen. Wie hilft man sich in dieser Situation?
Wir schauen in die Gezeitentafeln und suchen in der Nähe liegende Anschlußorte (S. 112). In unserem Fall sind das Trischen, West (Nr. 673) und Friedrichskoog (Nr. 675). Wir verwenden Trischen, West, da wir für unsere Position etwa gleichartige Verhältnisse vermuten.
Hier liegt selbstverständlich ein Interpretationsspielraum vor. Durch Studieren der Karte und die Überlegung, wie der Flut- oder der Ebbstrom wohl setzen wird, muß man zu einer Antwort kommen.
Bezugsort ist Büsum. Die Gezeitenverhältnisse (das Alter der Gezeit) ist hier kein Problem, denn zwischen den Höhenunterschieden der Gezeit für Spring- und Nippzeit gibt es keinen Unterschied. Auch wenn der Unterschied 1 bis 2 dm betragen würde, könnten wir auf die Bestimmung des Alters der Gezeit verzichten. Wir können die Grundwerte also sofort berechnen und schreiben:

	HW		NW	
Büsum	09.24	3,2 m	15.32	0.5 m
Trischen, West	− 00.10	− 0,2 m	+ 00.07	0.0 m
Trischen, West	09.14	3,0 m	15.39	0.5 m

Unsere Zeit 11.15 MESZ entspricht 10.15 MEZ. Also ist es fast genau eine Stunde nach HW. Das Wasser läuft ab; wir können in dieser Tide nicht mehr nach Friedrichskoog kommen. Wir beschließen, außerhalb des Fahrwassers zu ankern. Da wir uns nicht trockenfallen lassen wollen, ist die Frage, was wir am Ankerplatz loten müßten, wenn wir bei NW noch 0,5 m Wasser unter dem Kiel haben möchten. Das hört sich kompliziert an, ist aber bei näherem Hinsehen gar nicht so schwierig. Der Tiefgang des Bootes beträgt 1,3 m. 0,5 m Wasser unter dem Kiel heißt, bei NW müßten 1,3 m + 0,5 m = 1,8 m (von der Wasseroberfläche) gelotet werden. Die NWH war nach unserer Rechnung (zufällig auch) 0,5 m, die erforderliche Kartentiefe am Ankerplatz ist demnach 1,3 m.
Um herauszufinden, was wir um 10.15 MEZ loten müßten, bestimmen wir zuerst die Höhe der Gezeit für diesen Zeitpunkt. Mit den Werten FD = 06.25, TF = 2,5 m, ZU = 01.01 liefert unser ausklappbares Kurvenblatt einen angenäherten Höhenunterschied zur Niedrigwasserhöhe von 2,3 m. Als Höhe der Gezeit folgt damit 2,3 m + 0,5 m NWH = 2,8 m. Da die erforderliche Kartentiefe 1,3 m beträgt, müßten wir mindestens 2,8 m + 1,3 m = 4,1 m loten.
Sie könnten jetzt einen naheliegenden Einwand vorbringen: Warum sehen wir nicht in die Karte, dann brauchten wir doch gar nicht zu rechnen? In die Karte schauen wir selbstverständlich. Nur, Sie sehen, daß die Tiefenangaben nicht gerade zahlreich sind, und vor allem: Die Karte gibt in einem solchen Gebiet die Realität immer nur angenähert richtig wieder. Blättern Sie dazu noch einmal zurück auf S. 13, und studieren Sie noch einmal die beiden Abbildungen.

Passieren eines Wattenhochs oder einer Barre

Hier haben wir es nun mit einem der wichtigsten Gezeitenprobleme zu tun. Wir müssen häufiger trockenfallende Gebiete, sogenannte *Wattenhochs,* zwischen tiefer gelegenen Prielen passieren. In diesem Fall trauen wir uns gleich einmal an eine etwas schwierigere Aufgabe heran.
Am 28. Juli 1991 stehen wir bei einem Tiefgang von 1,5 m um 13.00 MESZ auf der Reise nach Friedrichskoog bei der Tonne NFW25 (Kartenausschnitt). Das

ist die letzte Tonne bis zur Bake am Ende des Leitdamms. Bis zur Bake haben wir nur noch Pricken. Zunächst steuern wir etwa Ostkurs. Nach dem Verlassen des Nordergats muß der Kurs etwas nördlicher sein. Wir durchsteuern dann ein zirka 0,6 sm langes, trockenfallendes Teilstück, ehe wir bei 53° 59,8′ N 008° 48,9′ E wieder in etwas tieferes Wasser kommen.
Wenn Sie sich diesen Teil der Karte genauer anschauen, erkennen Sie, daß bei etwa 53° 59,7′ N 008° 48,4′ E eine trockenfallende Stelle von 0,9 m ($\underline{0}_9$) liegt. Auch rund 2 Kabellängen weiter kann dieser Wert angenommen werden. Knapp 2 Kabellängen vor der Bake finden Sie noch ein weiteres Wattenhoch, das 1,0 m trockenfällt.
Wattenhochs passieren wir bei auflaufendem Wasser. Warum? Wenn wir festkommen, sind wir bei steigendem Wasser schnell wieder frei. Außerdem nutzen wir den Flutstrom aus. Welche Situation liegt nun in unserem Falle vor? In der Praxis, das sei nochmals ausdrücklich betont, segeln wir natürlich nicht bis zur Tonne NFW25, um uns dann von den Gegebenheiten überraschen zu lassen!
In der Nähe unserer Position liegen die beiden Anschlußorte Trischen, West und Friedrichskoog, Hafen (S. 112). Bezugsort ist Büsum. Die bei Friedrichskoog, Hafen eingedruckten Sterne bedeuten, daß keine Werte bekannt sind. Hier ist der Grund das Trockenfallen des Hafens. Sterne erscheinen auch, wenn das Datenmaterial ungenügend ist oder wenn keine genügend konstanten Gezeitenunterschiede angegeben werden können. Vorläufig verwenden wir *nicht* den nächstgelegenen Anschlußort, sondern versuchen, etwas genauer zu rechnen. Der Zeitunterschied der Gezeit ist für das HW in Trischen − 10 Minuten und für Friedrichskoog + 28 Minuten. Der gesuchte Wert für das Wattenhoch liegt irgendwo dazwischen. Da der Flutstrom etwa nach E und SE in die Elbe und unser Gebiet setzt, schätzen wir den Zeitunterschied mit Hilfe der Längen ab. Dazu stellen wir uns die Werte noch einmal zusammen:

Trischen	008° 39′ E	− 10 Minuten
Wattenhoch	008° 48,4′ E	?
Friedrichskoog	008° 53′ E	+ 28 Minuten

Das Fragezeichen müßte demnach durch + 16 Minuten ersetzt werden (interpolieren, wie in einer Ablenkungstabelle).
Das Alter der Gezeit brauchten wir hier eigentlich nicht (?). Wir werden aber gleich sehen, daß es in diesem Fall trotzdem sehr nützlich ist. Ein Blick auf S. 107 mit den Gezeitenangaben für Büsum zeigt, daß am 28. Juli Springzeit herrscht. Für das HW auf dem Wattenhoch ergibt sich mit den Gezeitenunterschieden (G. U.):

	HW	
Büsum	13.48	3,7 m
G. U.	+ 00.16	− 0,1 m
Wattenhoch	14.04	3,6 m

Dabei haben wir für den Höhenunterschied den Wert von Friedrichskoog (− 0,1 m) eingesetzt. Das HW tritt bei dem Hoch demnach etwa um 14.04 MEZ = 15.04 MESZ mit rund 3,6 m ein. Fast genau zwei Stunden vor HW stehen wir also vor dem Wattenhoch. Bei HW herrscht dort eine Wassertiefe von 3,6 m + (− 0,9 m) = 2,7 m. 1,2 m hätten wir bei unserem Tiefgang von 1,5 m dann noch unter Kiel. Und davor? Offenbar eine unangenehme Frage, denn wir können die Höhe der Gezeit wegen der fehlenden Niedrigwasserwerte nicht so ohne weiteres bestimmen.
Am einfachsten ist es nun, die mittleren Tidenkurven von Büsum zu Hilfe zu nehmen (S. 110). Im vorliegenden Fall können wir annehmen, daß Steigdauer und Tidenstieg bei unserem Wattenhoch ungefähr gleich den Werten in Büsum sein werden. Wie die ausgezogene Kurve (Springzeit) zeigt, steigt das Wasser im Zeitraum von einer Stunde vor HW bis HW um 0,2 m, im Zeitraum zwei Stunden vor HW bis HW um 0.6 m usw. Zusammengestellt erhalten wir:

Stunden vor HW	− 5	− 4	− 3	− 2	− 1	0
Betrag [m], um den das Wasser bis zur HWZ steigt	3,4	2,5	1,3	0,6	0,2	0,0

Jetzt können wir die Frage nach dem Wasserstand vor HW beantworten. Eine Stunde vor HW ist der Wasserstand 3,6 m – 0,2 m – 0,9 m = 2,5 m, zwei

Stunden vor HW 3,6 m – 0,6 m – 0,9 m = 2,1 m usw. Unter dem Kiel bedeutet das entsprechend immer 1,5 m weniger. Es ergibt sich damit:

Stunden vor HW	– 5	– 4	– 3	– 2	– 1	0
Wassertiefe [m]	– 0,7	0,2	1,4	2,1	2,5	2,7
Unter Kiel [m]				0,6	1,0	1,2

0,5 m Wasser unter dem Kiel sind ausreichend. Wir könnten also um 13.00 MESZ über das Wattenhoch fahren. Bei Nippverhältnissen würden wir analog die gestrichelte mittlere Tidenkurve von Büsum verwenden können.
Hoffentlich sagen Sie jetzt nicht, das verstehe ich nie! Wir haben dieses Beispiel deswegen so ausführlich und auch etwas genauer behandelt, weil ich Ihnen ein Gefühl dafür vermitteln wollte, *wie* man an ein solches Problem herangehen kann. Selbstverständlich kommt es auf einen Dezimeter oder 10 Minuten nicht an. In den Übungsaufgaben rechnen wir diese Fragestellung noch einmal mit Friedrichskoog durch und werden dann sehen, daß wir damit auch klarkämen.
Das grundsätzliche Problem ist hier, daß man zuerst sehr unsicher ist und möglichst genau arbeiten möchte. Erst mit zunehmender Erfahrung weiß man dann, welche Vereinfachungen man sich leisten kann und was nicht beachtet zu werden braucht. Der Fischer sieht am Dalben, wie viele Stunden vor oder nach HW es gerade ist. Er wird noch nicht einmal mehr den Tidenkalender benötigen. So weit sind wir aber noch lange nicht. Das könnten wir auch nur erreichen, wenn der betreffende Tidenhafen unser Heimathafen wäre und wir eine entsprechende Kenntnis des Reviers besäßen.
Zum Schluß dieses Abschnittes wollen wir uns noch mit dem Windeinfluß bei unserem Beispiel beschäftigen. Wir haben die *Wasserstandsvorhersage* morgens um 09.00 im 2. Programm des Norddeutschen Rundfunks gehört. Danach sollte das Nachmittagshochwasser an der deutschen Nordseeküste, in Emden, Bremen und Hamburg etwa 1 bis 2 Dezimeter höher als das mittlere Hochwasser eintreten. Das mittlere Hochwasser für Büsum beträgt 3,47 m (S. 110). Das zu erwartende HW wäre also 3,6 bis 3,7 m. Damit könnten wir so rechnen, wie wir das gerade gemacht haben.
Wenn dagegen 2 Dezimeter niedriger vorausgesagt werden, dann bedeutet das eine HWH von 3,3 m für Büsum und 3,2 m in unserer Rechnung auf S. 76

für das Wattenhoch. Unsere kleine Tabelle auf S. 77 sähe jetzt folgendermaßen aus:

Stunden vor HW	– 5	– 4	– 3	– 2	– 1	0
Wassertiefe [m]	– 1,1	– 0,2	1,0	1,7	2,1	2,3
Unter Kiel [m]				0,2	0,6	0,8

Dabei ist angenommen worden, daß sich die Beträge, um die das Wasser von der Niedrigwasserzeit zur Hochwasserzeit steigt, nicht ändern. Wir könnten nach diesem Ergebnis erst rund eine Stunde vor HW über das Wattenhoch fahren.

Ursache für diese schon etwas stärkere Abweichung der zu erwartenden Hochwasserhöhe von der Vorausberechnung (Büsum 3,6 m) könnte eine Ost- oder Südostwindlage sein. Zu dieser Jahreszeit ist sie statistisch allerdings selten.

Trockenfallen und Festkommen

Wenn wir uns trockenfallen lassen *wollen,* so müssen dazu mehrere Bedingungen erfüllt sein. Einmal muß unser Boot dafür geeignet sein. Günstig wäre also ein möglichst flaches Unterwasserschiff. Wichtig ist natürlich auch, daß wir uns beim Aufsetzen nicht Propeller und Ruder demolieren können. Schauen Sie sich zu dieser Problematik auch die Abbildungen 31 bis 33 an. Zum anderen dürfen wir uns nicht in der Zone 1 befinden. Dann ist die Frage: Wo wollen wir uns trockenfallen lassen? Selbstverständlich nicht an einem Großschiffahrtsweg (Schwell!). Auch Seegaten oder Gebiete vor den Inseln nach See zu sind absolut ungeeignet. Wesentlich ist ferner, daß der Grund möglichst eben und fest ist. Schlick würde zum Einsinken des Bootes führen. In Tidenhäfen ist das dagegen erwünscht, weil wir dann gefahrlos trockenfallen (Abb. 34 und 35). Haben wir eine bestimmte Stelle auserkoren, so wird zuerst rings um das Boot herum mit dem markierten Peilstock oder dem Handlot gelotet. Damit stellen wir fest, ob der Grund eben ist. Ganz übel wäre nämlich die Außenkante eines Priels, die häufig steilere Kanten aufweist.

31 *Plattbodenschiff mit Seitenschwertern, wie man es in Holland antreffen kann. Ideal zum Trockenfallen.*

32 *Hubkieler mit Wattstützen.*

33 *Flügelkieler. Die Sache sieht etwas wackelig aus. Problematisch wird es vor allem, wenn das Boot auf der Seite liegt, da es dann vollaufen kann, ohne sich vorher aufzurichten.*

Ist alles klar, wird das Boot erforderlichenfalls nach dem Trockenfallen mit dem Anker und gegebenenfalls mit zusätzlichen Leinen gesichert. Trockenfallen in diesem Sinn ist etwas, was wir bewußt geplant haben; ein Festkommen dagegen ist nicht in unserem Sinne gewesen. Wir müssen bei der Wattfahrt aber damit rechnen. Wenn wir vorsichtig sind und Wattenhochs nur bei steigendem Wasser ansteuern, wird das Festkommen nicht gefährlich. Das Wasser steigt ja, nach kurzer Zeit schwimmen wir wieder auf. Erheblich trüber sieht es aber aus, wenn wir bei ablaufendem Wasser unerwünschte Bekanntschaft mit dem Grund machen. Kommen wir mit der Maschine nicht wieder frei und in tieferes Wasser, sind wir nicht gut dran.

34 *In einem Tidenhafen bei Hochwasser…*

35 *…und bei Niedrigwasser.*

Ein Plattbodenschiff auf einer ebenen Sandbank hat es natürlich besser als eine Kielyacht an einem Prielrand. Also: loten, Bug in den Wind, Schiff sichern! Sind wir kurz nach HW festgekommen, werden wir möglicherweise nicht mehr ohne fremde Hilfe freikommen.
Ganz gefährlich wird es, wenn uns so etwas in den Seegaten passiert. Dann kann nämlich die Katastrophe perfekt sein. Vor allem bei ablaufendem Wasser und NW-Wind. Dann entsteht hoher, sehr gefährlicher Seegang. Wir sind schlicht *gestrandet* und müssen unbedingt Hilfe anfordern. Wenn wir in diesem Gebiet stranden, haben wir schwere Planungs- oder Navigationsfehler gemacht. Niemals dürfen wir bei Winden ab etwa 4 bis 5 Bft die Seegaten befahren, wenn der Strom gegen den Wind setzt.
Auch zu diesen Problemen betrachten wir ein konkretes Beispiel. Wir sind mit unserem 1,5 m tief gehenden Boot am 20. August 1991 um 11.45 MESZ zwischen dem Wattfahrwasser Hoogen und dem Altfelder Priel bei etwa 54° 02,9′ N 008° 49,4′ E festgekommen. Es ist uns nicht gelungen, mit der Maschine wieder freizukommen. Wir loten um das Boot herum Tiefen zwischen 1,4 und 1,6 m. Es ist also einigermaßen eben.
Die Karte (für uns der Kartenausschnitt) zeigt, daß wir ungefähr die Gezeitenverhältnisse von Büsum annehmen können. Büsum befindet sich nicht mehr auf dem Kartenausschnitt. Die Position ist 54° 07′ N 008° 51′ E. Wir schreiben die Grundwerte von Büsum am 20. August auf (S. 107):

	NW		HW		NW		HW	
Büsum	01.21	0,7 m	08.00	3,2 m	14.03	0,6 m	20.50	3,1 m

11.45 MESZ ist 10.45 MEZ. Wir sind demnach 2¾ Stunden nach HW festgekommen. Die Betrachtung der Hoch- und Niedrigwasserhöhen von Büsum um den 20. August herum zeigt, daß wir Nippzeit haben. Wann können wir frühestens mit dem *Freikommen* rechnen?
Theoretisch, wenn die Höhe der Gezeit genauso groß ist wie zum Zeitpunkt des Festkommens. Nach der Wasserstandsvorhersage sollten das Morgen- und das Abendhochwasser etwa 3 Dezimeter niedriger eintreten als das mittlere Hochwasser. Das stimmt gut mit den vorausberechneten Werten überein.
Büsum ist Bezugsort, also verwenden wir das Verfahren der wahrscheinli-

chen Tidenkurve. Für die Falldauer ergeben sich 06.03. Da die Niedrigwasserhöhe 0,6 m beträgt, erhalten wir eine recht gute Übereinstimmung mit der ausgedruckten mittleren Nipptidenkurve von Büsum (S. 110) und brauchen keine extra Kurve zu zeichnen. Für den uns interessierenden Zeitpunkt 2¾ Stunden nach HW liefert die Kurve 2,2 m als Höhe der Gezeit. Wir kommen natürlich erst wieder bei auflaufendem Wasser frei, also nach 14.03 MEZ = 15.03 MESZ. Für den Zeitraum vom NW bis zum HW erhalten wir eine Steigdauer von 0647. Auch hier brauchen wir keine besondere Kurve zu zeichnen. Rund 3 Stunden vor HW, also um 17.50 MEZ = 18.50 MESZ, ist die Höhe der Gezeit wieder 2,2 m. Zwischen 19.00 und 19.30 können wir mit dem Freikommen rechnen. Viel weiter fahren werden wir dann nicht mehr. Wir suchen einen sicheren Ankerplatz und segeln am nächsten Morgen weiter.

Übungsaufgaben

Zur Lösung der Aufgaben sind die Auszüge aus den Gezeitentafeln im Anhang A und der beigefügte Kartenausschnitt zu verwenden. Bei Aufgabe 4 ist der Kartenausschnitt in Abb. 36 (S. 85) zu benutzen.

1. Wir befahren mit unserem 0,8 m tiefgehenden Boot am 20. August 1991 das Sommerkoogsteertloch in der Meldorfer Bucht und wollen zum Yachthafen Meldorf (offiziell Sporthafen Meldorf, nicht mehr auf dem Kartenausschnitt). Wegen der einbrechenden Dunkelheit beschließen wir, in einen Seitenarm, bei etwa 54° 05,1′ N 008° 51,8′ E, einzulaufen und dort zu ankern. Welche Wassertiefe müßte man dort um 21.00 MESZ loten, wenn man beim nächsten Niedrigwasser noch 0,5 m Wasser unter dem Kiel haben möchte? Das Studium der Karte 105 (Die Eider, Norder- und Süderpiep) zeigt, daß wir mit den Gezeitenwerten des etwa 3 sm nördlich gelegenen Büsum rechnen können.
2. Bei welcher Wasserstandsvorhersage etwa hätten wir bei Aufgabe 1 mit den vorherberechneten Werten rechnen können?

3. Die Aufgabe auf S. 74 soll unter der vereinfachenden Annahme gelöst werden, daß mit den Gezeitenunterschieden von Friedrichskoog gearbeitet werden darf. Ab wann (MESZ) kann das Wattenhoch passiert werden?
4. Wir befahren das Weser-Elbe-Wattfahrwasser in Richtung Elbe und stehen am 21. Juni 1991 um 07.15 MESZ auf etwa 53° 43,5′ N 008° 27′ E. Der Tiefgang des Bootes beträgt 1,2 m. Bei der Törnplanung hatten wir herausgefunden, daß das Wattenhoch an diesem Tage ab etwa 07.00 MESZ bei einer Kielfreiheit von 0,5 m passiert werden könnte.
   a) Mit welcher Höhe der Gezeit müßten wir zu diesem Zeitpunkt rechnen? (Vergleichen Sie dazu Abb. 36 und die Anschlußorte zu Bremerhaven.)
   b) Prüfen Sie die vorausberechnete Passierzeit (07.00 MESZ) nach.
   c) Ab wann etwa könnte das Wattenhoch passiert werden, wenn nach Wasserstandsvorhersage mit einem Hochwasser zu rechnen wäre, das etwa 0 bis 1 dm höher als das mittlere Hochwasser eintritt?
5. Am 5. August 1991 befahren wir mit 1,2 m Tiefgang das Wattfahrwasser Schatzkammer und wollen zum Neufahrwasser. Um 18.20 MESZ kommen wir fest. Dabei peilt die Bake am Ende des Leitdamms nach Friedrichskoog rw 038° (von See aus!) 1,7 sm ab (das heißt, ihre Distanz beträgt 1,7 sm). Wann ist mit dem Freikommen zu rechnen?

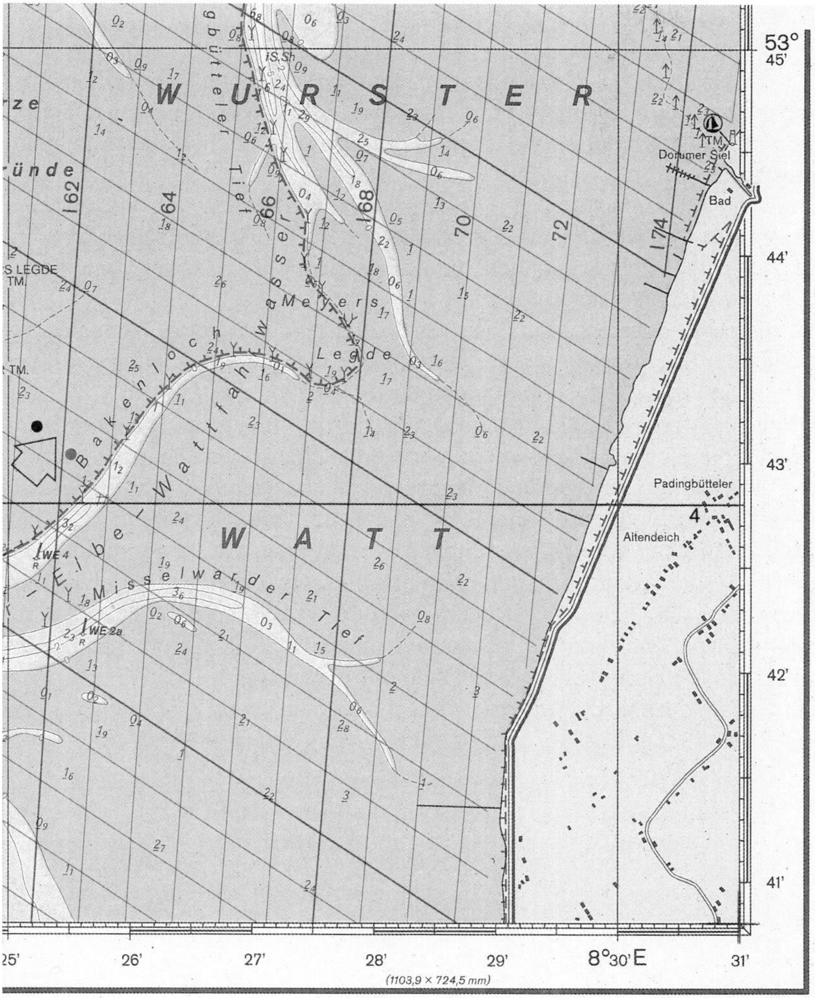

36 *Ausschnitt aus der Karte 2^D.*

Beispiel für eine Törnplanung

Wir haben unser 0,8 m tiefgehendes und 5 kn laufendes Boot an der Elbe liegen. Im Urlaub wollen wir nach Cuxhaven, und von dort aus soll dann um den 13. Juli 1991 herum ein Törn durch das Watt nach Meldorf gemacht werden.
Zunächst versammeln wir die erforderlichen Unterlagen um uns, also die Seekarten 44 und 105, die Gezeitentafeln Bd. I, das Nordsee-Handbuch, Östlicher Teil, den Sprechfunk für Küstenschiffahrt oder den Jachtfunkdienst Nord- und Ostsee.
Nützlich sind vielleicht auch noch das Leuchtfeuerverzeichnis Teil III und ein geeigneter Sportbootführer für dieses Gebiet. Zur groben Orientierung über den Strom bei Cuxhaven kann auch der Stromatlas dienen.
Dann studieren wir erst einmal ganz ausführlich und intensiv die Karten. Wir müßten die Elbe bei Cuxhaven queren und zunächst das Zenerloch ansteuern. Dann ginge es Richtung Hakensand, Schatzkammer, Wattfahrwasser Haken, Puttschipploch, Hundeloch in das Sommerkoogsteertloch in der Meldorfer Bucht. Vom Zenerloch bis hierher können Sie die Route in unserem Kartenausschnitt verfolgen. Die Karte 105 zeigt dann, daß wir etwa 1 sm südlich vor dem Sperrwerk Büsum nach Ost in das Kronenloch einlaufen müssen, von dem aus wir schließlich das Sperrwerk Meldorf erreichen. Hinter diesem Sperrwerk befindet sich der Sporthafen.
Die Gesamtdistanz beträgt grob gerechnet 31 sm. Also nicht viel, könnte man meinen. Das Studium der Unterlagen bringt aber eine Reihe von Problemen an den Tag:

- Seehandbuch und Stromatlas zeigen uns, daß der Gezeitenstrom bei Cuxhaven eine Stärke von 3 bis 4 kn, bei starkem Wind sogar 4 bis 5 kn erreichen kann.
- Wir müssen mit drei trockenfallenden Abschnitten rechnen. Schatzkammer/Hakensand, Puttschipploch und Hoogen. Dabei ist Hoogen wegen der in der Karte angegebenen Steine besonders unangenehm.
- Der Törn verläuft teilweise durch die Zone 1. Dort ist es untersagt, die

Bundeswasserstraßen außerhalb der Fahrwasser in der Zeit von drei Stunden nach bis drei Stunden vor Hochwasser zu befahren.
- Etwa beim Hundeloch beginnt das Schießgebiet (auf unserem Kartenausschnitt gerade noch erkennbar).
- Das Sperrwerk Meldorf wird bei einem Wasserstand von mehr als 0,5 m über mittlerem Hochwasser geschlossen.

Die Sache verspricht, ein ziemlich verwickeltes Puzzle zu werden, wenn alles richtig passen soll. Nun, zwei Teile dieses Puzzles können wir auf jeden Fall schon legen: Wenn in der Meldorfer Bucht Schießübungen stattfinden, dürfen wir in das gekennzeichnete Gebiet nicht einlaufen. Die Termine werden in den Nachrichten für Seefahrer bekanntgegeben. Bei Übungen werden auch Warnsignale zum Beispiel in Friedrichskoog gezeigt.
Wenn wir bei unserem Puzzlebild bleiben wollen, so ergibt sich die Position des zweiten Teiles aus dem Strom auf der Elbe. Wir müssen auf jeden Fall bei auslaufendem Wasser, bei Ebbstrom, zum Zenerloch. Dabei gibt es allerdings einen ganz wichtigen Punkt zu beachten. Bei einer Nordwestwindlage, schon ab etwa Bft 4, bleiben wir in Cuxhaven liegen. Warum? *Strom gegen Wind!* Mit unserem kleinen Boot würden wir durch die dann sehr grobe und unangenehme See erhebliche Probleme bekommen. Das heißt aber wiederum, daß wir unsere Planung für mehrere Tage durchführen müssen. Zum Zeitpunkt der Planung, vielleicht im Winter, wissen wir natürlich nicht, wie das Wetter im Juli aussehen wird.
Es würde sich anbieten, Friedrichskoog anzulaufen, denn in einem Tag ist der Törn nicht zu schaffen. Alternativ könnten wir auch versuchen, noch am ersten Tag über das Wattenhoch im Puttschipploch zu kommen und dann außerhalb der Zone 1 zu ankern.
Bei unseren Überlegungen gehen wir vom Wattenhoch Schatzkammer/Hakensand aus. Die bei etwa 53° 58,2′ N 008° 49′ E gelegene höchste Stelle fällt 1,6 m trocken. Bei 0,5 m Sicherheit und 0,8 m Tiefgang ist die erforderliche Höhe der Gezeit = 1,6 m + 0,5 m + 0,8 m = 2,9 m. Für die Bestimmung der Hochwasserzeit auf dem Wattenhoch könnten wir im Prinzip mit den Werten von Friedrichskoog rechnen. Etwas genauere Ergebnisse erhalten wir, wenn wir so wie im Beispiel auf S. 74 vorgehen. Hier können wir angenähert mit

+ 20 m Zeitunterschied der Gezeit gegen Büsum rechnen und den Höhenunterschied der Gezeit von Friedrichskoog von – 0,1 m verwenden (Springzeit!). Der eine Dezimeter kann natürlich auch vernachlässigt werden. Damit ergibt sich:

	HW	
Büsum	13.38	3,8 m
G.U.	+ 00.20	– 0,1 m
Wattenhoch	13.58	3,7 m

Also: Um etwa 15.00 MESZ tritt das Hochwasser mit 3,7 m beim Wattenhoch ein. Die mittlere Tidenkurve von Büsum zeigt (Springverhältnisse), daß das Wasser von 2 Stunden vor Hochwasser bis Hochwasser um etwa 0,6 m steigt. Da diese Verhältnisse angenähert auch hier gelten, können wir um 13.00 MESZ mit 3,1 m Wasser rechnen, womit wir gut zurechtkommen.

Jetzt überlegen wir, wann wir in Cuxhaven auslaufen müssen. In der Gezeitentafel (Cuxhaven ist hier nicht abgedruckt) finden wir für das erste Hochwasser 01.46 MEZ = 02.46 MESZ. Eine unserer Gezeitenstromtabelle für die Weser analoge Tabelle für die Elbe aus dem Seehandbuch gibt den Beginn des Ebbstroms bei Cuxhaven mit HW Cuxhaven +1 h 30 m an. Der stärkste Strom läuft HW Cuxhaven +3 h 10 m bis HW Cuxhaven +6 h 10 m. Der stärkste Ebbstrom ist danach bis 02.46 + 06.10 = 08.56, rund 09.00 MESZ, zu erwarten. Wenn wir um 09.00 auslaufen, schaffen wir die etwa 6 sm bis zum Zenerloch gut in einer Stunde.

Vom Zenerloch bis zum Wattenhoch Schatzkammer/Hakensand sind es etwa 7 sm. Dafür stehen nach unserer ersten Rechnung also drei Stunden zur Verfügung, denn ab 13.00 kommen wir über das Wattenhoch. Wir können uns viel Zeit lassen und außerhalb der Zone 1 noch ankern. Wir kommen also gut bei auflaufendem Wasser über das Wattenhoch und haben dann noch 5 sm bis zum Puttschipploch. Dafür veranschlagen wir eineinhalb Stunden. Im Puttschipploch können wir die gleiche Hochwasserzeit und -höhe wie beim ersten Wattenhoch annehmen, 15.00 MESZ und 3,7 m. Über das Wattenhoch von 0,3 m südlich des Trischendammes kommen wir damit noch problemlos bei steigendem Wasser. Das nächste Wattenhoch schaffen wir allerdings nicht mehr bei auflaufendem Wasser. Wir suchen uns daher zum Beispiel im Hundeloch einen geeigneten Ankerplatz und fahren am nächsten Tag weiter.

Hier wollen wir aus Platzgründen unser Planungsbeispiel abbrechen. Sie sehen, so ganz optimal paßt unser Puzzle nicht zusammen. Es läßt sich aber immer eine realisierbare Möglichkeit finden. Wie wir schon früher überlegt haben, muß die Planung natürlich den aktuellen Gegebenheiten angepaßt werden. Das heißt vor allem, Aktualisierung in bezug auf die vorhergesagten Wasserstände. Und selbstverständlich suchen wir uns eine möglichst stabile Wetterlage aus für unseren Törn (wir haben ja für mehrere Tage geplant). Ganz wichtig ist auch, daß wir bei der Planung über Ausweichmöglichkeiten und Alternativen nachgedacht haben. Beispielsweise: Was mache ich, wenn ich irgendwo auf dem Törn mit sich verschlechternden Wetterverhältnissen rechnen muß? Kann ich nach See zu laufen, kann ich in Lee eines hoch trockenfallenden Sandes ankern, kann ich einen Hafen anlaufen?

Taschenrechner und Gezeiten

Wenn Sie dieses Kapitel nicht überschlagen haben, dann sind Sie - nehme ich einmal an – zwar nicht unbedingt ein Computerfreak, aber auch kein absoluter Neuling mehr auf dem Rechnersektor. Sie besitzen einen *Taschenrechner* und vielleicht sogar einen *PC* oder einen *Laptop.* Darüber, was ein PC oder ein Laptop ist, brauchen wir uns also nicht mehr zu unterhalten.
Ebenso wahrscheinlich ist es, daß Sie sich auch schon mit dem Einsatz von Computern an Bord auseinandergesetzt haben, so daß wir auch darüber an dieser Stelle nicht zu sprechen brauchen. Hinweise zu diesen Problemen finden Sie in Band 88 und Band 91 der Yacht-Bücherei, „Astronomische Navigation" und „Navigation leicht gemacht".
Wir wollen uns statt dessen gleich der Frage zuwenden – um bei der Seefahrt zu bleiben –, ob wir diese „Galionsfigur" der modernen Technik sinnvoll und mit Nutzen auch in unserem speziellen Zusammenhang einsetzen können.
Wie wir schon besprochen haben, können uns moderne technische Geräte bei Gezeitenproblemen nur begrenzt Hilfestellung leisten. Wenn ich mich irgendwo trockenfallen lassen möchte, nützen mir Decca, GPS oder ein Videoplotter mit elektronischer Kartendarstellung wenig oder gar nichts. Weiterhin bleibt festzustellen, daß wir in den vorangegangenen Kapiteln alle besprochenen Probleme mit Hilfe der nautischen Unterlagen und mit Papier und Bleistift lösen konnten. Also geht es ganz offenbar ohne *Computer.*
In unserem Zusammenhang sehe ich eine mögliche Rechneranwendung vor allem in der Törnplanung. Schon zu Hause, im Winter, vor Beginn der Saison, kann man mehrere Alternativen für den in Aussicht genommenen Törn ausarbeiten und dabei zum Beispiel Gezeitenhöhen mit Computerhilfe von Stunde zu Stunde bestimmen. Natürlich müssen solche Planungen dann noch (Wetter!) aktualisiert werden. Wer solche Fragen mit dem Taschenrechner lösen möchte, findet dazu im Anhang B die beiden Pro-

gramme „Höhe der Gezeit" und „Höhe der Gezeit bei mehreren Tiden" (S. 123 und 124).

Eine schlechte Sache wäre es nicht, wenn wir die Angaben in den Gezeitentafeln oder die Zeitangaben im Tidenkalender selbst mit dem Taschenrechner bestimmen könnten. Eigentlich müßte das doch möglich sein, da wir ja auch die *Ephemeriden** der Gestirne heute genügend genau mit dem Taschenrechner berechnen können. Wir wollen auf diese Frage etwas ausführlicher eingehen, da nach solchen Möglichkeiten sowohl von der Sportschiffahrt als auch vom professionellen Bereich immer wieder gefragt wird.

Leider muß ich da Ihre vielleicht hochgespannten Erwartungen ziemlich enttäuschen. Warum? Im Kapitel „Kleine Gezeitentheorie" (S. 31) haben wir gesehen, daß Mond und Sonne die sogenannten gezeitenerzeugenden Kräfte hervorrufen. Die Berechnung der Bewegungen von Erde, Mond und Sonne ist heute, wie ja die Ephemeridenrechnung zeigt, mit ausreichender Genauigkeit auch auf dem Taschenrechner möglich. Ganz wesentlich für die reale Ausbildung der Gezeiten waren aber, wie wir gesehen haben, die Verteilung von Land und Wasser und die jeweiligen topographischen Verhältnisse. Baggerarbeiten, Eindeichungen, Verlagern der Sände und Priele durch Strom und Wind – all das führt zu Änderungen der Gezeitenerscheinungen.

Für Vorausberechnungen benötigt man aber irgendwelche Daten, in die die jeweiligen lokalen Verhältnisse eingehen (beispielsweise Wassertiefen, Verlauf des Flußreviers). Wenn sich diese Daten ändern – im Computerjargon würden wir sagen, die *Datenbasis* ändert sich –, dann müssen auch die benutzten Datensätze von Zeit zu Zeit aktualisiert werden. (Vergleichen Sie hierzu auch noch einmal das Kapitel auf S. 63.)

Eine weiteres Problem ist rechentechnischer Art. Relativ leicht kann das sogenannte *harmonische Verfahren* der Gezeitenberechnung programmiert werden. Die zu erwartende Tidenkurve wird bei diesem Verfahren aus einzelnen *Teiltiden* zusammengesetzt. Dabei zeigt sich nun leider, daß man insbe-

* Ephemeriden sind Angaben des Nautischen Jahrbuches für die astronomische Navigation.

sondere für Orte in Mündungstrichtern von Flüssen sehr viele solcher Teiltiden berücksichtigen muß. Untersuchungen des BSH haben ergeben, daß selbst bei Verwendung von 100 Teiltiden noch zu große Abweichungen von der Realität auftreten können. Aus diesem Grunde setzt das BSH für die in seinen Zuständigkeitsbereich fallenden Orte auch nicht das harmonische, sondern das *nonharmonische Verfahren* ein. Mit diesem Verfahren werden für die deutsche Nordseeküste wesentlich zuverlässigere Voraussagen möglich.

Um Sicherheitsprobleme in der Praxis durch den Einsatz unzureichender Software zu vermeiden, sind die für Vorausberechnungen erforderlichen Daten nicht allgemein zugänglich. Vielmehr sollen (im professionellen Bereich), gemäß Beschluß der IHO (International Hydrographic Organization), für die Navigation nur die offiziellen Gezeitenvorausberechnungen verwendet werden.

Gut sieht es also mit unseren eigenen Möglichkeiten nicht aus, selbst wenn wir die Rechenzeitprobleme mit einem sehr schnellen PC oder Laptop in den Griff bekämen.

Zunächst möchte ich Ihnen von den zur Zeit (1992) auf dem Markt befindlichen Programmen zwei „offizielle" kurz vorstellen. Das UK (United Kingdom) Hydrographic Office gibt für PCs unter der Bezeichnung NP 159 a eine „Simplified Harmonic Method of Tidal Prediction PC Version" heraus, also ein vereinfachtes Verfahren zur harmonischen Gezeiten-Vorhersage auf dem PC. Zumindest für die deutsche Nordseeküste ist dieses Programm unbrauchbar. Es können in einigen Fällen Differenzen von fast zwei Stunden oder von mehr als einem Meter zu den offiziellen Werten auftreten.

Der Service Hydrographique et Océanographique de la Marine in Paris gibt unter der Bezeichnung 540-MJA die „Table des Marées des grands ports du monde" heraus, eine Tafel der Gezeiten der großen Häfen der Welt also. Im Gegensatz zur vorher genannten britischen Methode, die mit nur vier Teiltiden und bestimmten theoretischen Annahmen über weitere Tiden arbeitet, werden bei der französischen Veröffentlichung 10 Teiltiden benutzt*. Der

* Man nutzt bestimmte theoretische Zusammenhänge aus und kommt damit auf effektiv 21 Teiltiden.

Unterlage sind neben einer Einführung in die Theorie des harmonischen Verfahrens auch Programme für (inzwischen veraltete) Taschenrechner beigefügt.

Wegen der geringen Zahl der Teiltiden und wegen der beschriebenen grundsätzlichen Schwierigkeiten erreicht man auch mit diesem Verfahren an der deutschen Nordseeküste keine ausreichende Genauigkeit. Günstiger liegen die Verhältnisse zum Beispiel an der nordfranzösischen Küste.

Obwohl ich Bedenken hatte, wurde diesem Buch für „Rechnerfans" und theoretisch Interessierte unter Ihnen das Programm „Gezeiten" beigefügt (S. 126). Es verwendet die Konstanten und die Berechnungsmethode der französischen Unterlage. In der vorliegenden Form ist die Anwendung auf Brest, Helgoland und St. Malo beschränkt. Das Programm liefert recht zufriedenstellende Ergebnisse für die französischen Häfen, während für Helgoland größere Abweichungen auftreten können.

Bitte beachten Sie unbedingt, daß das Programm nur Anhaltswerte liefert, und denken Sie daran, daß Ihnen Ihr Schiffsausrüster im Frühjahr den Tidenkalender gratis gibt! Ein Blick – und ohne irgendwelche Teiltiden zu bemühen, wissen Sie, wann am 22. Juni ... in Helgoland HW und NW eintreten.

Die Anwendung französischer und englischer Gezeitenunterlagen

In der Regel werden wir wahrscheinlich versuchen, auch in ausländischen Gewässern mit deutschen nautischen Unterlagen zurechtzukommen. Allerdings kann es manchmal Probleme geben. Häufig sind zum Beispiel deutsche Seekarten nur bis zu einem bestimmten Maßstab verfügbar. Wir benötigen aber für die Küsten- und Reviernavigation Karten mit einem möglichst großen Maßstab.
Wenn wir in der Baie de Lannion oder der Baie de Morlaix segeln wollen – das ist an der berühmten Côte de Granit Rose der Bretagne –, dann gibt es als deutsche Karte nur die 279. Die ist aber mit einem Maßstab von 1:150 000 nicht genau genug. Wir besorgen uns also französische (oder englische) Spezialkarten. Beispielsweise französische Karten der P-Serie. Das sind spezielle wasserfeste (leider gefaltete) Sportbootkarten.
Auch bei den Gezeitenunterlagen besteht eine im Prinzip vergleichbare Situation. Wenn bestimmte Gebiete für die Berufsschiffahrt nur geringe Bedeutung haben, dann werden dafür – wenn überhaupt – nur von den nationalen Behörden Gezeitenunterlagen veröffentlicht. Das heißt, be-

stimmte Anschlußorte in französischen oder britischen Gewässern sind in den deutschen Gezeitentafeln gar nicht zu finden.
Für einige Häfen, die in den deutschen Tafeln als Anschlußorte verzeichnet sind, bieten die nationalen Gezeitentafeln ausführliche Vorausberechnungen für jeden Tag. Das ist zum Beispiel für Roscoff der Fall, um an der Bretagneküste zu bleiben. Umgekehrt gilt natürlich das gleiche. So werden Bremerhaven und Hamburg in den englischen Gezeitentafeln als Anschlußorte behandelt.
Ich würde Ihnen daher empfehlen, bei der Törnplanung die Verwendung der jeweiligen *nationalen Gezeitenunterlagen* zumindest in Erwägung zu ziehen. Bei den Karten bleibt uns ohnehin häufig nichts anderes übrig. Sicherlich sind französische und englische Unterlagen für uns weniger bequem zu handhaben, weil sie zum Teil in der Art der Darstellung von der uns vertrauten abweichen.
Wenn Ihre nautische Vertriebsstelle die betreffenden Veröffentlichungen nicht am Lager hat, kommt als weiteres Problem die umständliche Beschaffung auf Sie zu. Aus leidvoller Erfahrung weiß ich, daß man teilweise monatelang warten muß und die Sachen daher besser gleich in Brest oder Liverpool kauft. Dann ist es allerdings nichts mehr mit der ausführlichen Törnplanung.
Das Hauptproblem ist wohl die Sprache. Während unsere Englischkenntnisse meist recht gut sind, kann man das normalerweise von den Französischkenntnissen nicht behaupten. Ganz so schwierig ist es aber doch nicht. Wir versuchen ja nicht, einen philosophischen Fachtext auf französisch zu lesen. Da wir die nautischen Zusammenhänge kennen, können wir fast immer die Bedeutung aus dem Zusammenhang erschließen. Hilfestellung leistet ein gutes (nach Möglichkeit nautisches) Wörterbuch.
Was können wir im Rahmen unseres kleinen Buches machen? Natürlich können wir jetzt nicht den Aufbau und den genauen Gebrauch französischer und englischer Gezeitenunterlagen besprechen. Ich kann Ihnen aber kurz zusammenstellen, welche französischen und englischen Unterlagen für uns von Bedeutung sind. Wir können uns auch ein „Minilexikon“ mit den hauptsächlichen französischen und englischen Gezeitenbegriffen anlegen. Schließlich soll uns die Lösung einer Aufgabe mit diesen Unterlagen noch einen kleinen Einblick in deren praktischen Gebrauch verschaffen.

Kleines Lexikon französischer Gezeitenbegriffe*

annuaire des marées: Gezeitentafeln
après pleine mer: nach Hochwasser
avant pleine mer: vor Hochwasser
basse mer: Niedrigwasser
BMME basse mer moyenne de morte-eau: mittleres Nippniedrigwasser
BMVE basse mer moyenne de vive-eau: mittleres Springniedrigwasser
corrections aux hauteurs: Höhenunterschied der Gezeit
corrections aux heures: Zeitunterschied der Gezeit
courant de flot: Flutstrom
courant de jusant: Ebbstrom
courant de marée: Gezeitenstrom
courbe type de marée: mittlere Tidenkurve
découvrant: trockenfallend
dernier quartier (DQ): letztes Viertel (Mond)
directions des courants (degrés): Stromrichtung (Grad)
échelle de marée: Gezeitenpegel
hauteur de la marée: Höhe der Gezeit
hauteurs: Höhe(n)
hauteurs en mètres au-dessus du zéro hydrographique: Höhe in Meter über Kartennull
heures et hauteurs des pleines et basses mers: Zeiten und Höhen der Hoch- und Niedrigwasser
heures: Zeit(en)
l'heure d'été: Sommerzeit
latitude (LAT.): Breite
longitude (LONG.): Länge
marée diurne: eintägige Gezeit
marée semi-diurne: halbtägige Gezeit
marée: Gezeit

* Soweit möglich, wurden bei der Übersetzung die in den deutschen Gezeitenunterlagen üblichen Begriffe verwendet.

marnage: Tidenstieg bzw. Tidenfall
mi-marée: Mittelwasser (Mittel aus Hochwasser und Niedrigwasser)
morte eau (ME): Nippzeit
morte eau moyenne: mittlere Nippverhältnisse betreffend
nom du port: Name des Hafens
nouvelle lune (NL): Neumond
pleine lune (PL): Vollmond
pleine mer: Hochwasser
PMME pleine mer moyenne de morte-eau: mittleres Nipphochwasser
PMVE pleine mer moyenne de vive-eau: mittleres Springhochwasser
port principal de référence: Bezugsort
port rattachée: Anschlußort
pour se rapporter á l'heure d'été (heures UT + 2h) ajouter une heure aux heures indiquées: zur Umwandlung in Sommerzeit (UT + 2h) muß eine Stunde zu der angegebenen Zeit addiert werden
prédiction: Vorausberechnung
premier quartier (PQ): erstes Viertel (Mond)
profondeur de l'eau: Wassertiefe
sonde: Kartentiefe
sondes en mètres rapportées au niveau des plus basses mers: Tiefenangaben in Metern, bezogen auf das niedrigste Niedrigwasser
temps universel: UT
vitesses en morte-eau (noeds): Geschwindigkeit zur Nippzeit (Knoten)
vitesses en vive-eau (noeds): Geschwindigkeit zur Springzeit (Knoten)
vive eau (VE): Springzeit
vive eau moyenne: mittlere Springverhältnisse betreffend
zéro des cartes ou zéro hydrographique: Kartennull oder hydrographisches Null (beide Angaben bedeuten Kartennull)

Lassen Sie uns mit dem französischen Gezeitenmaterial beginnen, und ziehen Sie bei unbekannten Begriffen auch jeweils unser Miniaturlexikon auf S. 96 und 97 zu Rate.

Für das Segeln in französischen Gewässern kommt in Frage:

- *Annuaire des marées (pour l'année ...). – Tome 1. – Ports de France* (Gezeitentafeln für das Jahr ..., Band 1, französische Häfen)

Der Name ist etwas irreführend, da in diesen Band auch nichtfranzösische, zum Beispiel niederländische und britische Anschlußorte aufgenommen wurden. Für die französischen Häfen entspricht der Band den deutschen Gezeitentafeln Band I. Er enthält Gezeiteninformationen über 22 französische Häfen (ports principaux = Bezugsorte) und 142 Anschlußorte (ports rattachées).
In unserem Zusammenhang sind noch die Gezeitenstromatlanten von Interesse. Wir greifen ein Beispiel heraus. An die schon erwähnte Côte de Granit Rose schließt sich im Osten die Côte d'Emeraude (Smaragdküste) an. Für dieses Gebiet wäre nützlich der Atlas:

- *Courants de marée: de Cherbourg à Paimpol – Iles Anglo-Normandes* (Gezeitenstromatlas: von Cherbourg bis Paimpol – Kanalinseln und zur Normandie gehörende Inseln)

Eine Zusammenstellung der französischen nautischen Veröffentlichungen finden Sie im *Catalogue des cartes marines et des ouvrages nautiques* (Verzeichnis der Seekarten und nautischen Veröffentlichungen).
Zum Abschluß unserer Französisch-Studien betrachten wir noch die Lösung einer Aufgabe mit den französischen Gezeitentafeln.
Wann und in welcher Höhe tritt am Vormittag des 14. Juni 1991 in Locquirec (Baie de Lannion) das Hochwasser ein? Wir benutzen dazu die Auszüge aus dem *Annuaire des marées pour l'année 1991, tome 1* auf S. 118 und 119.
Aus den Werten für die Hoch- und Niedrigwasser sehen wir, daß Springzeit ist. Das Vormittagshochwasser tritt in Roscoff um 07.06 (welche Zeit?) mit 8,7 m ein. Als Zeitunterschied der Gezeit (Corrections aux heures) finden wir

zur Springzeit (vive eau VE) für das HW (pleines mers) + 00.05 und als Höhenunterschied der Gezeit für das HW + 0,2 m. Wir schreiben:

	HW	
Roscoff	07.06	8,7 m
Locquirec	+ 00.05	+ 0,2 m
Locquirec	07.11	8,9 m

Die Zeit ist natürlich MEZ (UT + 1 h). Wie in den deutschen Gezeitentafeln Band I sind auch hier alle Zeiten in MEZ gegeben. Wie Sie bemerkt haben, wird in den französischen Gezeitentafeln der Zeitunterschied der Gezeit für Spring- und Nippzeit getrennt angegeben, während in „unseren" Tafeln mit dem Mittelwert gerechnet wird. Im vorliegenden Fall sind allerdings zwischen Spring- und Nippzeit keine Unterschiede vorhanden.
Wir wollen uns jetzt kurz mit den englischen Gezeitenunterlagen beschäftigen. Betrachten Sie auch dazu wieder das kleine „Lexikon" auf S. 100 und 101, wenn Ihnen ein Begriff nicht bekannt sein sollte.

Kleines Lexikon englischer Gezeitenbegriffe*

Chart Datum: Kartennull
directions of streams (degrees): Stromrichtung (Grad)
drying height: trockenfallende Höhe über Kartenull
duration of rise or fall: Steig- oder Falldauer
ebb tide stream: Ebbstrom
flood tide stream: Flutstrom
full moon: Vollmond
Greenwich Mean Time (G.M.T.): mittlere Greenwich Zeit
height differences (in metres): Höhenunterschied der Gezeit (in Metern)
heights: Höhe(n)
High Water (HW): Hochwasser
Highest Astronomical Tide (H.A.T.): höchstmögliches Hochwasser
Low Water (LW): Niedrigwasser
Lowest Astronomical Tide (L.A.T.): niedrigstmögliches Niedrigwasser
mean height: mittlere Höhe
Mean High Water (M.H.W.): mittleres Hochwasser
Mean High Water Neaps (M. H. W. N.): mittleres Nipphochwasser
Mean High Water Springs (M. H. W. S.): mittleres Springhochwasser
Mean Low Water (M.L.W.): mittleres Niedrigwasser
Mean Low Water Neaps (M.L.W.N.): mittleres Nippniedrigwasser
Mean Low Water Springs (M.L.W.S.): mittleres Springniedrigwasser
mean neap curve: mittlere Nipptidenkurve
Mean Sea-Level: mittlerer Wasserstand
mean spring curve: mittlere Springtidenkurve
mean tide level: Mittelwasser (Mittel aus Hochwasser und Niedrigwasser)
neap range of tide: Nipptidenhub
neap tide: Nipptide

* Soweit möglich, wurden bei der Übersetzung die in den deutschen Gezeitenunterlagen üblichen Begriffe verwendet. Die Abkürzungen werden auch ohne Punkte geschrieben.

neaps: Nippzeit
new moon: Neumond
predictions: Vorausberechnungen
rates at neap tides (knots): Geschwindigkeit zur Nippzeit (Knoten)
rates at spring tides (knots): Geschwindigkeit zur Springzeit (Knoten)
seasonal changes in mean level: jahreszeitliche Änderungen des mittleren Wasserstandes
Secondary Port: Anschlußort
semi-diurnal tide: halbtägige Gezeit
spring range of tide: Springtidenhub
spring tide: Springtide
springs occur...: Springzeit herrscht...
springs: Springzeit
Standard Port: Bezugsort
Standard Time: an einem Ort verwendete Zeit
Summer Time: Sommerzeit
tidal curve: Tidenkurve
Tidal Stream Atlas: Gezeitenstromatlas
tidal stream: Gezeitenstrom
tide gauge: Pegel
Tide Tables: Gezeitentafeln
time differences: Zeitunterschied der Gezeit
times: Zeit
Universat Time (U.T.): Weltzeit
Zone Time: Zonenzeit
zone: Zeitzone

Den deutschen Gezeitentafeln Band I entsprechen die

- *Admiralty Tide Tables Volume 1: European Waters (including the Mediterranian Sea).* (Gezeitentafeln der Admiralität Band 1, europäische Gewässer, einschließlich Mittelmeer.)

Für das Befahren britischer Gewässer ist außerdem der entsprechende Gezeitenstromatlas eine gute Hilfe. Für die Kanalinseln wäre beispielsweise der

- *Tidal Stream Atlas: The Channel Islands and adjacent coast of France* (Gezeitenstromatlas: Kanalinseln und angrenzende französische Küste)

zu benutzen. Eine Zusammenstellung aller (offiziellen) nautischen Veröffentlichungen findet man im *Catalogue of Admiralty Charts and other Hydrographic Publications* (Katalog der Seekarten und weiterer hydrographischer Veröffentlichungen).
Auch hier wollen wir wieder eine kleine Gezeitenaufgabe mit der nationalen Unterlage lösen.
Wann und in welcher Höhe treten am 22. Juni 1991 nachmittags in St. Helier HW und NW ein? Welche Gezeitenverhältnisse liegen vor?
St. Helier liegt auf Jersey, auf einer der britischen Kanalinseln. St. Helier ist in den deutschen Tafeln nur als Anschlußort aufgeführt. Den erforderlichen Auszug aus den englischen Tafeln finden Sie auf S. 120. Wir lesen ab:

	HW	NW
St. Helier	14.51 8,7 m	21.24 3,6 m

Die Zeit ist UT, wie Sie oben links auf der wiedergegebenen Seite finden. Die NW sind relativ hoch und die HW niedrig, also herrscht Nippzeit.

Wir haben uns in diesem Buch aus Platzgründen im wesentlichen auf die *amtlichen Unterlagen* beschränkt, die sowohl von der professionellen Seefahrt als auch von der Sportschiffahrt verwendet werden können. Wie Sie wissen, gibt es eine große Zahl speziell für die Sportschiffahrt gedachter Veröffentlichungen. Teilweise werden diese auch von den amtlichen Stellen herausgegeben.

Zum Abschluß dieses Kapitels möchte ich Ihnen von den *nichtamtlichen Veröffentlichungen* als Beispiel ein gerade auch für die Gezeiten besonders interessantes Jahrbuch kurz vorstellen: *The MacMillan & Silk Cut Nautical Almanac*... Dieser jährlich neu erscheinende nautische Almanach wird von einem großen englischen Verlag herausgegeben. Da er erstens in Englisch erscheint und von daher schon eine große Verbreitung hat, und außerdem noch als Werbeträger dient, ist er konkurrenzlos preisgünstig. Übrigens: Er ist (1992) – nachgemessen! – 45 mm dick! Wenn auch einige Einschränkungen gemacht werden müssen, so kann dieser Almanach doch prinzipiell etliche offizielle Veröffentlichungen ersetzen. Uns interessiert natürlich das Gebiet der Gezeiten besonders. Neben einem einführenden Kapitel in die Gezeiten (Tides) sind im Kapitel Hafen-, Küsten- und Gezeitenkunde (Harbour, Coastal and Tidal Information) weitere Gezeiteninformationen zu finden. Für sehr viele den Sportschiffer interessierende Häfen sind Angaben gemacht zu: Kartenmaterial, Gezeiten, Gezeitenstrom, Ansteuerung, Navigationshilfen, Ankermöglichkeiten, Liegeplätzen, Schutz bei bestimmten Windlagen, wichtigen Telefonnummern... Der Schwerpunkt liegt naturgemäß bei den britischen Gewässern; dort wäre dieses Jahrbuch auch mit dem größten Gewinn einzusetzen. Aber auch für die uns hier besonders interessierende französische Kanalküste ist „der MacMillan" eine große Hilfe.

Übungsaufgaben

Zur Lösung der Aufgaben sind die Auszüge aus den französischen und den britischen Gezeitentafeln im Anhang A zu verwenden (S. 118–120). Für die Bearbeitung der Aufgabe 2. c) ist der Kartenausschnitt auf S. 105 zu benutzen (Abb. 37).

1. a) Wann (MESZ) und in welcher Höhe treten am 6. Juni 1991 in Roscoff Hoch- und Niedrigwasser ein?
   b) Was bedeutet die Abkürzung DQ bei den Gezeitenangaben zum 5. Juni? (Hinweis: Lexikon S. 96).
   c) Welches Alter der Gezeit liegt für Roscoff am 6. Juni 1991 vor?
2. Wann (MESZ) und in welcher Höhe treten
   a) am 6. Juni 1991
   b) am 14. Juni 1991
   in Trébeurden Hoch- und Niedrigwasser ein?
   c) Die für Trébeurden gültigen Verhältnisse gelten angenähert auch für das gesamte im Kartenausschnitt auf S. 105 dargestellte Gebiet. Studieren Sie den Kartenausschnitt und versuchen Sie, sich das Aussehen der Inseln mit den vorgelagerten Felsen und Klippen bei Hochwasser und bei Niedrigwasser vorzustellen. Welche Unterschiede ergeben sich zwischen dem 6. und dem 14. Juni 1991? Erläutern Sie Ihre Überlegungen an Beispielen.
3. a) Wann (MESZ) und in welcher Höhe treten am 11. August 1991 in St. Helier Hoch- und Niedrigwasser ein?
   b) Welches Alter der Gezeit liegt an diesem Tage vor?

37 *AUSZUG AUS DER KARTE NR. 7151 P. DES S.H.O.M., REPRODUZIERT ENTSPRECHEND GENEHMIGUNGSNUMMER 74/92. FÜR DIE NAVIGATION NICHT ZU VERWENDEN. In der Originalkarte befindet sich die Breitenskala weiter östlich.*

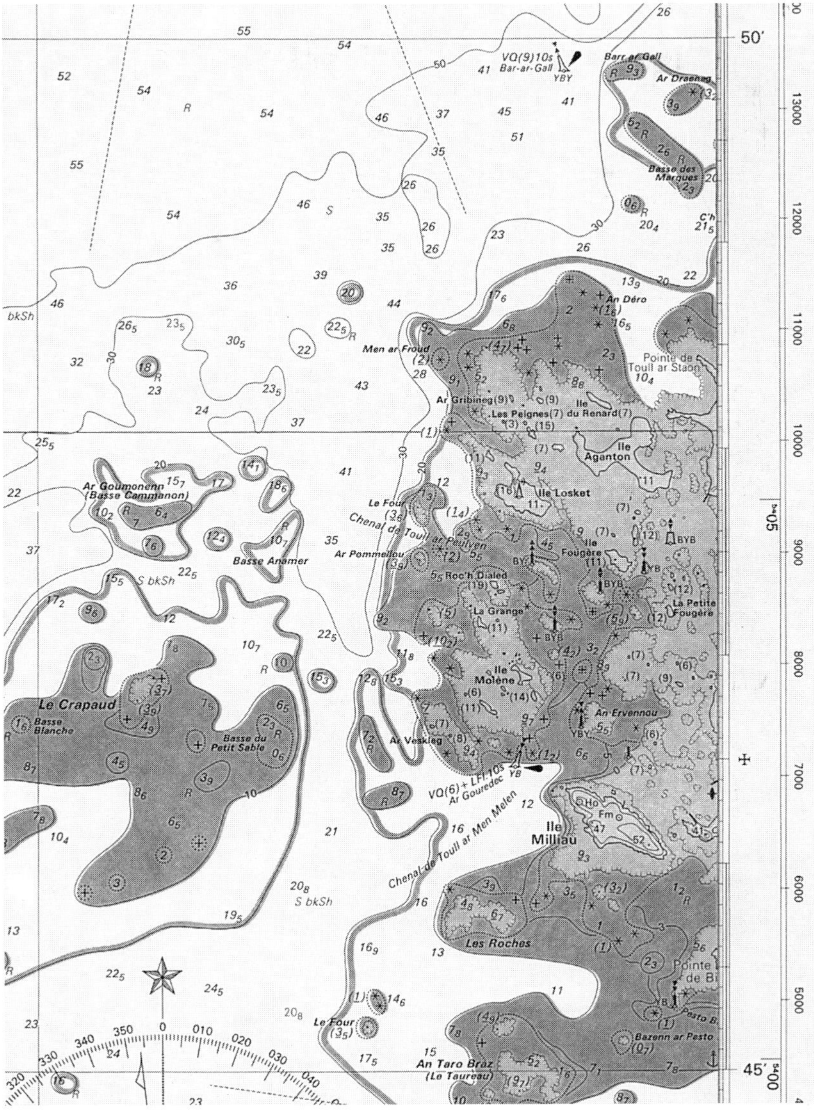
50'
VQ(9)10s
Bar-ar-Gall
YBY
Barr ar Gall
Ar Draenog
Basse des Marques
An Dero
Pointe de Toull ar Staon
Men ar Froud
Ar Gribineg(9)
Les Peignes(7)
Ile du Renard(7)
Ile Aganton
Ile Losket
Ar Goumonenn
(Basse Cammanon)
Basse Anamer
Le Four
Chenal de Toull ar Peulven
Ar Pommellou
Ile Fougère
Roc'h Dialed
La Grange
La Petite Fougère
Ile Molène
An Ervennou
Le Crapaud
Basse Blanche
Basse du Petit Sable
Ar Veskleg
VQ(6)+LFl.10s
Ar Gouredec
Chenal de Toull ar Men Melen
Ile Milliau
Les Roches
Pointe de Bi
Pesto B
Bazenn ar Pesto
An Taro Braz
(Le Taureau)
45'
5°05
13000
12000
11000
10000
9000
8000
7000
6000
5000

ANHANG A

Helgoland 1991

Breite: 54° 11′ N, Länge: 7° 54′ E

Zeiten und Höhen der Hoch- und Niedrigwasser

Mai

Tag	Zeit	Höhe m	Tag	Zeit	Höhe m
1	0105	2,6	16	0045	2,6
	0745	0,0		0731	−0,1
Mi	1317	2,6	Do	1304	2,7
	2005	−0,1		2003	−0,3
2	0138	2,6	17	0135	2,6
	0813	0,1		0821	−0,1
Do	1349	2,6	Fr	1352	2,7
	2036	0,0		2055	−0,3
3	0210	2,5	18	0226	2,5
	0843	0,1		0909	−0,1
Fr	1421	2,6	Sa	1440	2,7
	2109	0,0		2145	−0,2
4	0244	2,4	19	0316	2,4
	0913	0,1		0955	0,0
Sa	1454	2,5	So	1530	2,7
	2142	0,0		2236	−0,2
5	0319	2,3	20	0410	2,3
	0945	0,2		1046	0,1
So	1529	2,5	Mo	1626	2,6
	2218	0,1		2332	0,0
6	0358	2,2	21	0512	2,3
	1022	0,2		1146	0,2
Mo	1612	2,4	Di	1730	2,6
	2303	0,2			
7	0447	2,1	22	0037	0,1
	1115	0,3		0619	2,3
Di	1708	2,3	Mi	1256	0,3
				1842	2,6
8	0005	0,2	23	0149	0,1
	0553	2,1		0731	2,3
Mi	1228	0,4	Do	1412	0,2
	1819	2,3		1955	2,6
9	0121	0,2	24	0259	0,0
	0711	2,1		0838	2,3
Do	1350	0,3	Fr	1522	0,1
	1935	2,3		2100	2,6
10	0238	0,1	25	0356	0,0
	0824	2,2		0933	2,4
Fr	1504	0,2	Sa	1616	0,1
	2042	2,4		2152	2,6
11	0340	0,0	26	0441	0,0
	0923	2,3		1018	2,5
Sa	1602	0,1	So	1702	0,1
	2137	2,5		2239	2,6
12	0430	−0,1	27	0523	0,1
	1011	2,4		1101	2,6
So	1653	0,0	Mo	1748	0,1
	2226	2,6		2326	2,6
13	0517	−0,1	28	0607	0,1
	1054	2,5		1144	2,6
Mo	1741	−0,1	Di	1834	0,0
	2313	2,6			
14	0601	−0,1	29	0008	2,6
	1136	2,6		0647	0,1
Di	1827	−0,2	Mi	1223	2,7
	2358	2,7		1912	0,0
15	0645	−0,1	30	0044	2,6
	1218	2,7		0721	0,1
Mi	1913	−0,2	Do	1256	2,7
				1946	0,0
			31	0118	2,5
				0752	0,1
			Fr	1329	2,7
				2019	0,0

Juni

Tag	Zeit	Höhe m	Tag	Zeit	Höhe m
1	0152	2,5	16	0220	2,5
	0824	0,1		0902	−0,1
Sa	1403	2,7	So	1435	2,8
	2053	0,0		2141	−0,2
2	0227	2,4	17	0310	2,5
	0856	0,1		0948	0,0
So	1437	2,6	Mo	1523	2,8
	2126	0,0		2228	−0,1
3	0303	2,4	18	0359	2,4
	0929	0,1		1035	0,1
Mo	1512	2,6	Di	1614	2,8
	2203	0,1		2317	0,0
4	0341	2,3	19	0452	2,4
	1006	0,2		1126	0,2
Di	1552	2,6	Mi	1709	2,7
	2243	0,1			
5	0423	2,3	20	0009	0,1
	1049	0,3		0549	2,4
Mi	1637	2,5	Do	1223	0,2
	2330	0,1		1808	2,7
6	0513	2,2	21	0104	0,2
	1144	0,3		0647	2,3
Do	1732	2,5	Fr	1324	0,3
				1910	2,6
7	0028	0,1	22	0205	0,2
	0614	2,2		0748	2,3
Fr	1252	0,3	Sa	1431	0,2
	1837	2,4		2015	2,5
8	0134	0,1	23	0306	0,2
	0722	2,2		0849	2,4
Sa	1403	0,2	So	1535	0,2
	1945	2,5		2116	2,5
9	0240	0,1	24	0403	0,2
	0826	2,3		0945	2,5
So	1509	0,2	Mo	1632	0,2
	2049	2,5		2212	2,5
10	0341	0,1	25	0454	0,2
	0925	2,5		1034	2,6
Mo	1611	0,1	Di	1725	0,2
	2150	2,6		2303	2,5
11	0438	0,0	26	0541	0,2
	1021	2,6		1120	2,7
Di	1710	0,0	Mi	1813	0,1
	2248	2,6		2348	2,5
12	0534	0,0	27	0624	0,2
	1112	2,7		1202	2,7
Mi	1807	−0,1	Do	1855	0,0
	2342	2,7			
13	0626	0,0	28	0027	2,5
	1200	2,8		0702	0,1
Do	1901	−0,2	Fr	1240	2,7
				1931	0,0
14	0034	2,6	29	0102	2,5
	0719	−0,1		0737	0,0
Fr	1252	2,8	Sa	1315	2,7
	1956	−0,2		2005	0,0
15	0127	2,6	30	0138	2,5
	0812	−0,1		0809	0,0
Sa	1344	2,8	So	1349	2,7
	2050	−0,3		2037	0,0

Juli

Tag	Zeit	Höhe m	Tag	Zeit	Höhe m
1	0211	2,5	16	0254	2,5
	0841	0,1		0933	−0,1
Mo	1420	2,7	Di	1507	2,9
	2109	0,1		2208	−0,1
2	0244	2,5	17	0336	2,5
	0913	0,1		1013	0,0
Di	1453	2,7	Mi	1550	2,8
	2144	0,1		2248	0,0
3	0319	2,4	18	0420	2,5
	0949	0,1		1055	0,1
Mi	1530	2,7	Do	1635	2,7
	2222	0,1		2328	0,1
4	0358	2,4	19	0505	2,4
	1027	0,1		1139	0,2
Do	1610	2,6	Fr	1724	2,6
	2300	0,1			
5	0438	2,4	20	0010	0,2
	1109	0,2		0554	2,4
Fr	1653	2,6	Sa	1229	0,3
	2342	0,1		1819	2,5
6	0525	2,3	21	0103	0,4
	1201	0,3		0652	2,3
Sa	1746	2,5	So	1335	0,4
				1925	2,4
7	0036	0,2	22	0211	0,4
	0625	2,3		0801	2,4
So	1308	0,3	Mo	1452	0,4
	1854	2,5		2038	2,4
8	0145	0,2	23	0324	0,4
	0734	2,4		0911	2,5
Mo	1424	0,2	Di	1605	0,3
	2009	2,5		2147	2,4
9	0259	0,2	24	0429	0,3
	0847	2,5		1011	2,6
Di	1539	0,2	Mi	1706	0,2
	2123	2,5		2244	2,5
10	0411	0,2	25	0521	0,3
	0955	2,6		1100	2,6
Mi	1651	0,1	Do	1755	0,1
	2231	2,6		2331	2,4
11	0518	0,1	26	0606	0,2
	1056	2,7		1143	2,7
Do	1756	−0,1	Fr	1838	0,0
	2332	2,6			
12	0616	0,0	27	0010	2,5
	1151	2,8		0646	0,1
Fr	1855	−0,2	Sa	1222	2,7
				1915	0,0
13	0027	2,6	28	0046	2,5
	0710	−0,1		0722	0,0
Sa	1243	2,8	So	1258	2,7
	1949	−0,2		1948	0,0
14	0118	2,6	29	0120	2,5
	0801	−0,1		0754	0,0
So	1335	2,9	Mo	1330	2,8
	2040	−0,2		2018	0,0
15	0208	2,6	30	0151	2,5
	0850	−0,1		0823	0,0
Mo	1423	2,9	Di	1359	2,8
	2127	−0,2		2047	0,0
			31	0219	2,5
				0853	0,1
			Mi	1429	2,8
				2119	0,1

August

Tag	Zeit	Höhe m	Tag	Zeit	Höhe m
1	0252	2,5	16	0342	2,5
	0928	0,1		1019	0,1
Do	1505	2,7	Fr	1558	2,7
	2156	0,1		2243	0,2
2	0330	2,5	17	0420	2,5
	1005	0,1		1055	0,2
Fr	1544	2,7	Sa	1640	2,6
	2231	0,1		2317	0,4
3	0407	2,4	18	0502	2,4
	1040	0,1		1138	0,3
Sa	1622	2,6	So	1729	2,4
	2304	0,2			
4	0446	2,4	19	0004	0,5
	1124	0,3		0556	2,4
So	1710	2,5	Mo	1241	0,5
	2352	0,3		1835	2,3
5	0541	2,4	20	0115	0,6
	1229	0,3		0710	2,3
Mo	1818	2,4	Di	1406	0,5
				1958	2,2
6	0105	0,4	21	0242	0,5
	0656	2,4		0834	2,4
Di	1355	0,3	Mi	1535	0,4
	1943	2,4		2119	2,3
7	0234	0,3	22	0402	0,4
	0821	2,5		0945	2,5
Mi	1524	0,2	Do	1645	0,3
	2109	2,4		2224	2,4
8	0358	0,2	23	0501	0,3
	0941	2,6		1039	2,6
Do	1644	0,0	Fr	1734	0,1
	2224	2,5		2311	2,4
9	0509	0,1	24	0545	0,2
	1048	2,7		1120	2,6
Fr	1750	−0,1	Sa	1814	0,0
	2326	2,5		2349	2,5
10	0608	0,0	25	0624	0,1
	1143	2,8		1158	2,7
Sa	1846	−0,2	So	1851	0,0
11	0018	2,6	26	0023	2,5
	0659	0,0		0659	0,0
So	1233	2,9	Mo	1233	2,7
	1936	−0,2		1923	0,0
12	0104	2,6	27	0055	2,6
	0746	−0,1		0731	0,0
Mo	1319	2,9	Di	1305	2,8
	2021	−0,2		1952	0,0
13	0147	2,6	28	0124	2,6
	0830	−0,1		0800	0,0
Di	1403	2,9	Mi	1334	2,8
	2102	−0,1		2020	0,0
14	0228	2,6	29	0152	2,6
	0909	−0,1		0830	0,0
Mi	1442	2,9	Do	1405	2,8
	2138	0,0		2051	0,1
15	0306	2,6	30	0224	2,6
	0944	0,0		0905	0,1
Do	1519	2,8	Fr	1440	2,7
	2211	0,1		2127	0,1
			31	0301	2,6
				0942	0,1
			Sa	1519	2,7
				2202	0,2

U T C + 1 h 00 min (M E Z)

Auszug Gezeitentafeln 1991 Band I

Büsum 1991

Breite: 54° 07′ N, Länge: 8° 51′ E

Zeiten und Höhen der Hoch- und Niedrigwasser

Mai

Tag	Zeit	Höhe m	Tag	Zeit	Höhe m
1	0157	3,6	16	0138	3,6
	0804	0,0		0752	−0,2
Mi	1408	3,6	Do	1359	3,6
	2020	−0,1		2019	−0,3
2	0229	3,5	17	0230	3,5
	0831	0,1		0840	−0,1
Do	1438	3,6	Fr	1446	3,6
	2050	0,0		2103	−0,3
3	0302	3,4	18	0323	3,4
	0900	0,1		0924	−0,1
Fr	1509	3,5	Sa	1533	3,6
	2119	0,0		2145	−0,2
4	0335	3,3	19	0414	3,3
	0929	0,1		1004	0,0
Sa	1540	3,5	So	1621	3,6
	2147	0,0		2230	−0,1
5	0408	3,2	20	0506	3,3
	0957	0,2		1052	0,1
So	1616	3,4	Mo	1716	3,6
	2221	0,0		2322	0,0
6	0446	3,0	21	0606	3,2
	1032	0,3		1150	0,3
Mo	1659	3,3	Di	1820	3,6
	2304	0,2			
7	0536	3,0	22	0026	0,1
	1122	0,4		0713	3,2
Di	1757	3,2	Mi	1258	0,4
				1933	3,6
8	0003	0,3	23	0139	0,1
	0643	2,9		0824	3,2
Mi	1233	0,5	Do	1411	0,3
	1910	3,2		2046	3,5
9	0118	0,3	24	0252	0,1
	0759	3,0		0931	3,2
Do	1354	0,4	Fr	1520	0,2
	2026	3,2		2150	3,5
10	0235	0,1	25	0353	0,0
	0912	3,1		1026	3,3
Fr	1507	0,3	Sa	1617	0,1
	2132	3,4		2243	3,5
11	0339	0,0	26	0443	0,0
	1012	3,2		1110	3,4
Sa	1606	0,1	So	1707	0,1
	2227	3,5		2330	3,6
12	0433	−0,1	27	0531	0,1
	1102	3,4		1152	3,5
So	1702	0,0	Mo	1756	0,1
	2316	3,5			
13	0526	−0,1	28	0015	3,6
	1147	3,5		0619	0,1
Mo	1756	−0,1	Di	1234	3,6
				1843	0,1
14	0003	3,6	29	0058	3,6
	0618	−0,1		0700	0,1
Di	1231	3,6	Mi	1311	3,7
	1847	−0,2		1921	0,0
15	0049	3,6	30	0136	3,5
	0705	−0,2		0732	0,1
Mi	1314	3,6	Do	1345	3,7
	1933	−0,2		1953	0,0
			31	0210	3,4
				0802	0,1
			Fr	1418	3,6
				2026	0,0

Juni

Tag	Zeit	Höhe m	Tag	Zeit	Höhe m
1	0245	3,4	16	0318	3,4
	0835	0,1		0918	−0,1
Sa	1451	3,6	So	1528	3,8
	2100	0,0		2143	−0,2
2	0320	3,3	17	0409	3,4
	0907	0,1		0959	0,0
So	1524	3,6	Mo	1616	3,8
	2131	0,0		2225	−0,1
3	0354	3,3	18	0457	3,4
	0940	0,1		1041	0,1
Mo	1600	3,5	Di	1706	3,8
	2206	0,0		2311	0,0
4	0430	3,2	19	0548	3,3
	1016	0,2		1132	0,2
Di	1640	3,5	Mi	1801	3,7
	2245	0,1			
5	0512	3,1	20	0003	0,1
	1057	0,3		0643	3,3
Mi	1726	3,4	Do	1228	0,3
	2330	0,2		1859	3,6
6	0604	3,1	21	0101	0,2
	1149	0,3		0740	3,3
Do	1822	3,4	Fr	1326	0,3
				2001	3,5
7	0024	0,2	22	0203	0,2
	0705	3,1		0841	3,2
Fr	1252	0,3	Sa	1429	0,3
	1927	3,3		2105	3,4
8	0129	0,1	23	0304	0,2
	0811	3,1		0941	3,3
Sa	1401	0,3	So	1532	0,2
	2035	3,4		2207	3,4
9	0237	0,1	24	0401	0,2
	0916	3,2		1035	3,4
So	1508	0,2	Mo	1630	0,2
	2139	3,5		2304	3,5
10	0341	0,1	25	0453	0,2
	1016	3,4		1124	3,5
Mo	1613	0,1	Di	1724	0,2
	2238	3,5		2355	3,5
11	0441	0,0	26	0544	0,2
	1113	3,5		1209	3,6
Di	1717	0,0	Mi	1814	0,1
	2336	3,6			
12	0541	0,0	27	0039	3,5
	1206	3,6		0631	0,2
Mi	1817	−0,1	Do	1250	3,6
				1858	0,0
13	0032	3,6	28	0119	3,4
	0637	−0,1		0710	0,1
Do	1256	3,7	Fr	1328	3,6
	1912	−0,2		1936	0,0
14	0127	3,6	29	0156	3,4
	0733	−0,1		0746	0,0
Fr	1347	3,7	Sa	1404	3,6
	2005	−0,2		2012	−0,1
15	0223	3,5	30	0232	3,4
	0828	−0,1		0821	0,0
Sa	1438	3,7	So	1437	3,7
	2057	−0,3		2047	0,0

Juli

Tag	Zeit	Höhe m	Tag	Zeit	Höhe m
1	0305	3,4	16	0354	3,5
	0853	0,1		0952	−0,1
Mo	1509	3,7	Di	1603	3,9
	2117	0,0		2215	−0,1
2	0338	3,4	17	0436	3,5
	0925	0,1		1026	0,0
Di	1542	3,7	Mi	1645	3,8
	2150	0,0		2251	0,0
3	0412	3,3	18	0517	3,4
	1000	0,1		1105	0,1
Mi	1619	3,6	Do	1728	3,7
	2227	0,0		2330	0,1
4	0449	3,3	19	0559	3,3
	1036	0,2		1148	0,2
Do	1659	3,6	Fr	1814	3,6
	2304	0,1			
5	0529	3,2	20	0015	0,2
	1115	0,2		0645	3,3
Fr	1742	3,5	Sa	1235	0,3
	2343	0,1		1908	3,4
6	0616	3,2	21	0108	0,3
	1203	0,3		0742	3,2
Sa	1837	3,4	So	1335	0,4
				2015	3,3
7	0035	0,2	22	0213	0,4
	0715	3,2		0851	3,2
So	1306	0,3	Mo	1448	0,4
	1944	3,4		2130	3,3
8	0144	0,2	23	0323	0,4
	0825	3,3		1001	3,3
Mo	1420	0,3	Di	1601	0,3
	2058	3,4		2240	3,3
9	0259	0,2	24	0427	0,3
	0939	3,4		1101	3,5
Di	1537	0,2	Mi	1702	0,2
	2212	3,4		2338	3,3
10	0412	0,2	25	0522	0,3
	1048	3,5		1150	3,5
Mi	1652	0,1	Do	1754	0,1
	2321	3,5			
11	0521	0,1	26	0023	3,4
	1150	3,6		0611	0,2
Do	1801	−0,1	Fr	1232	3,6
				1841	0,0
12	0023	3,5	27	0103	3,4
	0626	0,0		0655	0,1
Fr	1245	3,7	Sa	1312	3,6
	1904	−0,2		1923	0,0
13	0121	3,5	28	0141	3,4
	0726	0,0		0735	0,0
Sa	1338	3,8	So	1348	3,7
	2001	−0,2		2000	0,0
14	0215	3,5	29	0215	3,4
	0823	−0,1		0811	0,0
So	1429	3,9	Mo	1421	3,7
	2054	−0,2		2034	0,0
15	0307	3,5	30	0246	3,5
	0913	−0,1		0841	0,0
Mo	1518	3,9	Di	1451	3,8
	2138	−0,2		2103	0,0
			31	0315	3,5
				0910	0,1
			Mi	1521	3,8
				2132	0,1

August

Tag	Zeit	Höhe m	Tag	Zeit	Höhe m
1	0347	3,4	16	0439	3,5
	0943	0,1		1032	0,1
Do	1557	3,7	Fr	1651	3,7
	2207	0,1		2254	0,2
2	0422	3,4	17	0512	3,4
	1017	0,1		1105	0,2
Fr	1634	3,6	Sa	1729	3,5
	2242	0,1		2328	0,3
3	0458	3,3	18	0551	3,3
	1050	0,1		1145	0,4
Sa	1711	3,5	So	1817	3,3
	2314	0,2			
4	0537	3,3	19	0013	0,5
	1129	0,3		0645	3,2
So	1759	3,4	Mo	1242	0,5
	2358	0,3		1925	3,1
5	0632	3,3	20	0121	0,7
	1229	0,4		0800	3,2
Mo	1908	3,3	Di	1403	0,6
				2050	3,1
6	0108	0,4	21	0245	0,6
	0748	3,3		0924	3,2
Di	1350	0,4	Mi	1532	0,5
	2034	3,3		2212	3,1
7	0235	0,4	22	0405	0,5
	0914	3,3		1037	3,4
Mi	1519	0,2	Do	1644	0,3
	2200	3,3		2318	3,2
8	0401	0,3	23	0507	0,3
	1034	3,5		1130	3,5
Do	1643	0,1	Fr	1737	0,1
	2315	3,4			
9	0516	0,1	24	0005	3,3
	1141	3,6		0556	0,2
Fr	1757	−0,1	Sa	1211	3,6
				1821	0,1
10	0019	3,5	25	0043	3,4
	0624	0,1		0639	0,1
Sa	1237	3,8	So	1249	3,7
	1902	−0,1		1904	0,0
11	0113	3,6	26	0118	3,5
	0724	0,0		0720	0,1
So	1328	3,9	Mo	1325	3,7
	1958	−0,2		1943	0,0
12	0202	3,6	27	0151	3,5
	0817	−0,1		0756	0,0
Mo	1416	3,9	Di	1357	3,7
	2046	−0,2		2016	0,0
13	0247	3,6	28	0220	3,5
	0901	−0,1		0827	0,0
Di	1500	3,9	Mi	1427	3,8
	2124	−0,1		2046	0,1
14	0328	3,6	29	0248	3,5
	0936	−0,1		0855	0,1
Mi	1540	3,9	Do	1459	3,8
	2155	−0,1		2114	0,1
15	0405	3,5	30	0320	3,5
	1004	0,0		0925	0,1
Do	1615	3,8	Fr	1533	3,7
	2224	0,0		2146	0,2
			31	0355	3,5
				0958	0,1
			Sa	1610	3,6
				2220	0,2

U T C + 1 h 00 min (M E Z)

Auszug Gezeitentafeln 1991 Band I

Bremerhaven (Alter Leuchtturm) 1991

Breite: 53° 33′ N, Länge: 8° 34′ E

Zeiten und Höhen der Hoch- und Niedrigwasser

Mai

Tag	Zeit	Höhe m	Tag	Zeit	Höhe m
1	0244	3,9	16	0223	4,0
	0900	0,0		0848	−0,1
Mi	1452	4,0	Do	1444	4,0
	2119	−0,1		2115	−0,3
2	0316	3,9	17	0317	3,9
	0928	0,0		0936	−0,1
Do	1522	4,0	Fr	1532	4,0
	2150	−0,1		2205	−0,3
3	0350	3,8	18	0412	3,8
	0956	0,1		1022	−0,1
Fr	1554	3,9	Sa	1620	4,0
	2219	0,0		2253	−0,2
4	0425	3,7	19	0505	3,7
	1024	0,1		1105	0,0
Sa	1628	3,8	So	1709	4,0
	2248	0,0		2340	−0,1
5	0501	3,5	20	0558	3,6
	1051	0,1		1151	0,1
So	1704	3,8	Mo	1802	4,0
	2320	0,1			
6	0540	3,4	21	0032	0,0
	1121	0,3		0657	3,6
Mo	1745	3,7	Di	1247	0,3
	2358	0,2		1904	4,0
7	0628	3,4	22	0134	0,1
	1206	0,4		0801	3,6
Di	1840	3,6	Mi	1354	0,3
				2015	4,0
8	0052	0,2	23	0245	0,1
	0731	3,3		0912	3,6
Mi	1312	0,4	Do	1509	0,3
	1951	3,6		2130	3,9
9	0206	0,2	24	0358	0,1
	0847	3,3		1021	3,6
Do	1434	0,4	Fr	1621	0,2
	2109	3,6		2236	3,9
10	0327	0,1	25	0501	0,0
	1001	3,4		1117	3,7
Fr	1556	0,2	Sa	1720	0,1
	2218	3,7		2330	3,9
11	0438	0,0	26	0550	0,0
	1102	3,6		1200	3,8
Sa	1704	0,1	So	1809	0,1
	2314	3,9			
12	0537	−0,1	27	0015	3,9
	1151	3,7		0634	0,1
So	1800	0,0	Mo	1240	3,9
				1857	0,1
13	0003	3,9	28	0101	3,9
	0630	−0,2		0718	0,1
Mo	1235	3,9	Di	1320	4,0
	1852	−0,1		1944	0,0
14	0050	4,0	29	0145	3,9
	0717	−0,2		0800	0,1
Di	1317	4,0	Mi	1356	4,0
	1941	−0,2		2024	0,0
15	0135	4,0	30	0223	3,9
	0802	−0,2		0835	0,1
Mi	1359	4,0	Do	1429	4,0
	2027	−0,2		2059	0,0
			31	0258	3,8
				0906	0,0
			Fr	1502	4,0
				2132	0,0

Juni

Tag	Zeit	Höhe m	Tag	Zeit	Höhe m
1	0333	3,8	16	0408	3,8
	0938	0,0		1018	−0,1
Sa	1536	4,0	So	1613	4,2
	2205	0,0		2254	−0,2
2	0409	3,7	17	0500	3,8
	1010	0,1		1103	0,0
So	1610	4,0	Mo	1701	4,2
	2237	0,0		2341	−0,1
3	0445	3,6	18	0549	3,7
	1041	0,1		1147	0,1
Mo	1646	3,9	Di	1749	4,2
	2311	0,1			
4	0523	3,6	19	0026	0,0
	1113	0,2		0639	3,7
Di	1726	3,9	Mi	1236	0,2
	2349	0,1		1843	4,1
5	0604	3,5	20	0116	0,1
	1151	0,3		0732	3,6
Mi	1811	3,8	Do	1329	0,3
				1942	4,0
6	0031	0,2	21	0210	0,2
	0653	3,5		0828	3,6
Do	1241	0,4	Fr	1427	0,3
	1906	3,8		2044	3,9
7	0125	0,2	22	0308	0,2
	0753	3,4		0928	3,6
Fr	1344	0,4	Sa	1531	0,3
	2012	3,7		2150	3,8
8	0230	0,1	23	0408	0,2
	0900	3,5		1029	3,7
Sa	1457	0,3	So	1635	0,3
	2121	3,8		2253	3,8
9	0340	0,1	24	0507	0,2
	1005	3,6		1123	3,8
So	1609	0,2	Mo	1735	0,3
	2225	3,8		2349	3,8
10	0447	0,1	25	0602	0,3
	1104	3,8		1211	3,9
Mo	1717	0,1	Di	1831	0,2
	2325	3,9			
11	0550	0,0	26	0040	3,8
	1159	3,9		0651	0,2
Di	1820	0,0	Mi	1255	4,0
				1921	0,1
12	0023	4,0	27	0126	3,8
	0649	0,0		0736	0,2
Mi	1251	4,0	Do	1336	4,0
	1919	−0,1		2005	0,0
13	0118	4,0	28	0207	3,8
	0743	0,0		0816	0,1
Do	1341	4,1	Fr	1412	4,0
	2014	−0,2		2043	0,0
14	0213	4,0	29	0245	3,8
	0835	−0,1		0853	0,0
Fr	1431	4,1	Sa	1448	4,0
	2109	−0,2		2119	0,0
15	0311	3,9	30	0320	3,8
	0928	−0,1		0928	0,0
Sa	1523	4,2	So	1522	4,1
	2203	−0,3		2153	0,0

Juli

Tag	Zeit	Höhe m	Tag	Zeit	Höhe m
1	0354	3,8	16	0446	3,9
	1000	0,1		1054	0,0
Mo	1554	4,1	Di	1645	4,3
	2225	0,1		2328	−0,1
2	0427	3,8	17	0527	3,8
	1031	0,1		1132	0,0
Di	1627	4,1	Mi	1728	4,2
	2258	0,1			
3	0501	3,7	18	0005	0,0
	1102	0,2		0608	3,8
Mi	1706	4,0	Do	1211	0,1
	2335	0,1		1812	4,1
4	0539	3,6	19	0041	0,1
	1138	0,2		0649	3,7
Do	1747	4,0	Fr	1250	0,2
				1859	3,9
5	0011	0,1	20	0120	0,3
	0620	3,6		0734	3,6
Fr	1217	0,3	Sa	1335	0,3
	1830	3,9		1954	3,8
6	0049	0,1	21	0207	0,4
	0706	3,6		0829	3,6
Sa	1304	0,3	So	1433	0,4
	1923	3,8		2059	3,7
7	0139	0,2	22	0309	0,5
	0803	3,5		0937	3,6
So	1405	0,3	Mo	1547	0,4
	2030	3,8		2214	3,6
8	0246	0,2	23	0422	0,5
	0912	3,6		1046	3,7
Mo	1521	0,3	Di	1703	0,4
	2144	3,8		2325	3,7
9	0402	0,3	24	0532	0,4
	1024	3,8		1147	3,8
Di	1642	0,2	Mi	1808	0,3
	2258	3,8			
10	0519	0,2	25	0024	3,7
	1132	3,9		0630	0,3
Mi	1759	0,1	Do	1236	3,9
				1902	0,1
11	0008	3,9	26	0111	3,7
	0630	0,1		0718	0,2
Do	1234	4,0	Fr	1318	4,0
	1907	0,0		1947	0,0
12	0111	3,9	27	0152	3,7
	0732	0,0		0801	0,1
Fr	1330	4,2	Sa	1357	4,0
	2009	−0,1		2027	0,0
13	0209	3,9	28	0229	3,8
	0828	0,0		0840	0,0
Sa	1422	4,2	So	1433	4,1
	2106	−0,2		2105	0,0
14	0304	3,9	29	0304	3,8
	0921	−0,1		0916	0,0
So	1513	4,3	Mo	1505	4,1
	2159	−0,2		2138	0,0
15	0358	3,9	30	0334	3,9
	1011	−0,1		0947	0,1
Mo	1601	4,3	Di	1535	4,2
	2248	−0,2		2208	0,1
			31	0403	3,8
				1015	0,1
			Mi	1606	4,1
				2238	0,1

August

Tag	Zeit	Höhe m	Tag	Zeit	Höhe m
1	0435	3,8	16	0528	3,8
	1046	0,1		1137	0,1
Do	1643	4,1	Fr	1737	4,0
	2312	0,1		2358	0,2
2	0511	3,7	17	0602	3,7
	1120	0,1		1208	0,2
Fr	1723	4,0	Sa	1817	3,8
	2347	0,1			
3	0548	3,7	18	0028	0,4
	1154	0,2		0640	3,6
Sa	1801	3,9	So	1243	0,4
				1905	3,6
4	0018	0,2	19	0107	0,6
	0627	3,7		0730	3,5
So	1232	0,3	Mo	1336	0,5
	1848	3,8		2010	3,5
5	0059	0,3	20	0208	0,7
	0719	3,6		0842	3,5
Mo	1328	0,4	Di	1455	0,6
	1954	3,7		2132	3,4
6	0205	0,4	21	0332	0,7
	0832	3,6		1006	3,6
Di	1448	0,4	Mi	1625	0,5
	2119	3,7		2256	3,5
7	0332	0,4	22	0459	0,5
	0958	3,7		1121	3,7
Mi	1622	0,3	Do	1743	0,3
	2247	3,7			
8	0501	0,3	23	0005	3,6
	1118	3,9		0609	0,4
Do	1749	0,1	Fr	1216	3,8
				1841	0,2
9	0004	3,8	24	0053	3,7
	0620	0,2		0659	0,2
Fr	1226	4,0	Sa	1257	3,9
	1902	0,0		1926	0,1
10	0109	3,9	25	0131	3,7
	0726	0,1		0741	0,1
Sa	1322	4,2	So	1334	4,0
	2004	−0,1		2006	0,0
11	0203	3,9	26	0206	3,8
	0822	0,0		0820	0,1
So	1412	4,3	Mo	1409	4,1
	2058	−0,1		2042	0,0
12	0252	4,0	27	0238	3,9
	0911	0,0		0856	0,0
Mo	1458	4,3	Di	1442	4,1
	2146	−0,1		2114	0,0
13	0338	4,0	28	0306	3,9
	0956	−0,1		0926	0,0
Di	1542	4,3	Mi	1512	4,1
	2227	−0,1		2143	0,1
14	0419	3,9	29	0334	3,9
	1035	−0,1		0954	0,1
Mi	1622	4,3	Do	1543	4,1
	2301	0,0		2213	0,1
15	0454	3,9	30	0405	3,9
	1107	0,0		1025	0,1
Do	1659	4,2	Fr	1619	4,0
	2331	0,1		2246	0,2
			31	0441	3,8
				1059	0,1
			Sa	1659	3,9
				2320	0,2

U T C + 1 h 00 min (M E Z)

Auszug Gezeitentafeln 1991 Band I

Brest (Reede) 1991

Breite: 48° 20′ N, Länge: 4° 29′ W

Zeiten und Höhen der Hoch- und Niedrigwasser

Mai

Tag	Zeit	Höhe m	Tag	Zeit	Höhe m
1	0014	1,8	16	0004	1,2
	0614	6,9		0607	7,4
Mi	1230	1,9	Do	1227	1,4
	1831	6,9		1831	7,5
2	0047	2,0	17	0052	1,4
	0648	6,7		0656	7,2
Do	1304	2,2	Fr	1317	1,7
	1904	6,7		1921	7,2
3	0122	2,2	18	0143	1,7
	0722	6,4		0747	6,8
Fr	1340	2,5	Sa	1411	2,0
	1939	6,4		2014	6,9
4	0159	2,5	19	0239	2,0
	0759	6,1		0842	6,5
Sa	1420	2,8	So	1510	2,3
	2019	6,1		2112	6,6
5	0242	2,8	20	0342	2,3
	0841	5,8		0945	6,2
So	1506	3,0	Mo	1615	2,5
	2106	5,9		2219	6,4
6	0334	3,0	21	0450	2,5
	0936	5,6		1056	6,0
Mo	1605	3,2	Di	1726	2,6
	2209	5,7		2333	6,3
7	0440	3,2	22	0601	2,5
	1046	5,5		1209	6,1
Di	1717	3,2	Mi	1835	2,6
	2325	5,7			
8	0555	3,1	23	0043	6,3
	1204	5,6		0708	2,5
Mi	1831	3,1	Do	1316	6,2
				1938	2,5
9	0039	5,9	24	0145	6,4
	0704	2,8		0807	2,4
Do	1311	5,9	Fr	1412	6,4
	1934	2,7		2033	2,3
10	0140	6,2	25	0238	6,5
	0801	2,5		0858	2,3
Fr	1405	6,2	Sa	1502	6,5
	2025	2,4		2121	2,2
11	0229	6,5	26	0324	6,6
	0848	2,1		0943	2,2
Sa	1451	6,6	So	1545	6,7
	2110	2,0		2204	2,1
12	0313	6,9	27	0406	6,7
	0932	1,8		1024	2,1
So	1534	7,0	Mo	1625	6,8
	2153	1,6		2243	2,0
13	0355	7,2	28	0444	6,8
	1014	1,5		1102	2,1
Mo	1616	7,3	Di	1703	6,9
	2235	1,4		2320	2,0
14	0437	7,4	29	0521	6,7
	1056	1,3		1138	2,1
Di	1659	7,5	Mi	1739	6,9
	2318	1,2		2355	2,0
15	0521	7,5	30	0556	6,7
	1141	1,3		1213	2,1
Mi	1744	7,6	Do	1814	6,8
			31	0030	2,1
				0631	6,6
			Fr	1248	2,2
				1849	6,7

Juni

Tag	Zeit	Höhe m	Tag	Zeit	Höhe m
1	0106	2,2	16	0137	1,4
	0706	6,4		0740	7,0
Sa	1324	2,4	So	1404	1,7
	1925	6,6		2006	7,2
2	0143	2,3	17	0230	1,7
	0743	6,3		0831	6,8
So	1403	2,5	Mo	1457	2,0
	2002	6,4		2057	6,9
3	0224	2,5	18	0324	2,0
	0824	6,1		0924	6,5
Mo	1446	2,7	Di	1551	2,3
	2045	6,2		2152	6,6
4	0309	2,7	19	0419	2,3
	0909	5,9		1021	6,3
Di	1535	2,8	Mi	1648	2,5
	2135	6,1		2251	6,4
5	0402	2,8	20	0519	2,5
	1002	5,8		1123	6,1
Mi	1630	2,9	Do	1750	2,7
	2233	6,0		2355	6,2
6	0500	2,8	21	0621	2,7
	1105	5,8		1228	6,0
Do	1732	2,9	Fr	1853	2,8
	2337	6,0			
7	0603	2,8	22	0100	6,1
	1210	6,0		0725	2,8
Fr	1834	2,7	Sa	1333	6,0
				1956	2,7
8	0040	6,2	23	0203	6,1
	0704	2,5		0825	2,7
Sa	1311	6,2	So	1431	6,2
	1934	2,5		2052	2,6
9	0140	6,4	24	0258	6,2
	0802	2,4		0918	2,6
So	1408	6,5	Mo	1523	6,4
	2029	2,2		2142	2,5
10	0235	6,7	25	0346	6,3
	0856	2,1		1004	2,5
Mo	1501	6,8	Di	1607	6,5
	2122	1,9		2225	2,3
11	0327	6,9	26	0428	6,4
	0947	1,8		1045	2,3
Di	1552	7,2	Mi	1647	6,7
	2213	1,6		2305	2,2
12	0418	7,2	27	0506	6,5
	1038	1,6		1123	2,2
Mi	1643	7,4	Do	1724	6,8
	2304	1,4		2341	2,1
13	0508	7,3	28	0542	6,6
	1129	1,5		1158	2,2
Do	1734	7,6	Fr	1759	6,9
	2355	1,3			
14	0559	7,3	29	0016	2,0
	1220	1,4		0616	6,6
Fr	1825	7,6	Sa	1233	2,1
				1834	6,9
15	0046	1,3	30	0050	2,0
	0651	7,2		0651	6,6
Sa	1312	1,5	So	1308	2,2
	1915	7,4		1907	6,8

Juli

Tag	Zeit	Höhe m	Tag	Zeit	Höhe m
1	0125	2,1	16	0208	1,4
	0725	6,5		0808	7,1
Mo	1343	2,2	Di	1431	1,7
	1942	6,7		2030	7,2
2	0202	2,1	17	0253	1,8
	0800	6,4		0852	6,7
Di	1421	2,3	Mi	1516	2,1
	2020	6,6		2115	6,8
3	0241	2,3	18	0340	2,2
	0839	6,3		0939	6,4
Mi	1502	2,4	Do	1604	2,5
	2059	6,4		2204	6,3
4	0324	2,4	19	0430	2,6
	0922	6,2		1032	6,0
Do	1547	2,5	Fr	1659	2,8
	2147	6,3		2303	6,0
5	0413	2,5	20	0530	3,0
	1013	6,1		1137	5,8
Fr	1640	2,7	Sa	1805	3,1
	2242	6,1			
6	0509	2,7	21	0013	5,7
	1113	6,0		0641	3,2
Sa	1741	2,7	So	1251	5,7
	2347	6,1		1918	3,1
7	0614	2,7	22	0129	5,7
	1222	6,1		0755	3,1
So	1848	2,7	Mo	1404	5,8
				2028	3,0
8	0057	6,2	23	0236	5,8
	0723	2,6		0858	3,0
Mo	1333	6,3	Di	1504	6,1
	1957	2,5		2125	2,7
9	0206	6,4	24	0329	6,0
	0831	2,4		0949	2,7
Di	1439	6,6	Mi	1552	6,4
	2102	2,1		2211	2,5
10	0310	6,7	25	0413	6,3
	0933	2,1		1031	2,5
Mi	1539	7,0	Do	1632	6,6
	2201	1,8		2249	2,2
11	0408	7,0	26	0451	6,5
	1029	1,7		1107	2,2
Do	1635	7,4	Fr	1708	6,8
	2256	1,4		2324	2,0
12	0501	7,3	27	0525	6,7
	1122	1,4		1141	2,0
Fr	1727	7,6	Sa	1741	7,0
	2347	1,1		2357	1,8
13	0552	7,4	28	0558	6,8
	1212	1,2		1214	1,9
Sa	1816	7,8	So	1814	7,1
14	0036	1,0	29	0030	1,7
	0640	7,5		0630	6,9
So	1259	1,2	Mo	1246	1,8
	1903	7,7		1846	7,1
15	0123	1,1	30	0102	1,7
	0725	7,3		0702	6,9
Mo	1346	1,4	Di	1318	1,8
	1947	7,5		1917	7,1
			31	0135	1,8
				0733	6,8
			Mi	1352	1,9
				1951	6,9

August

Tag	Zeit	Höhe m	Tag	Zeit	Höhe m
1	0210	1,9	16	0258	2,2
	0808	6,7		0856	6,4
Do	1428	2,1	Fr	1519	2,5
	2027	6,7		2117	6,2
2	0248	2,1	17	0343	2,8
	0846	6,5		0942	6,0
Fr	1509	2,3	Sa	1609	3,0
	2107	6,5		2210	5,8
3	0332	2,4	18	0439	3,2
	0931	6,3		1044	5,6
Sa	1558	2,5	So	1715	3,3
	2159	6,2		2323	5,5
4	0427	2,7	19	0556	3,4
	1029	6,0		1209	5,5
So	1700	2,8	Mo	1841	3,4
	2306	6,0			
5	0537	2,9	20	0055	5,4
	1146	5,9		0725	3,4
Mo	1818	2,9	Di	1338	5,6
				2005	3,2
6	0030	5,9	21	0215	5,6
	0700	2,9		0838	3,1
Di	1313	6,1	Mi	1445	5,9
	1941	2,7		2106	2,9
7	0154	6,2	22	0311	5,9
	0820	2,5		0930	2,8
Mi	1430	6,5	Do	1533	6,3
	2055	2,2		2151	2,5
8	0304	6,6	23	0353	6,3
	0927	2,1		1011	2,4
Do	1534	7,0	Fr	1612	6,6
	2156	1,7		2228	2,1
9	0401	7,0	24	0429	6,6
	1022	1,6		1045	2,1
Fr	1627	7,4	Sa	1645	6,9
	2248	1,3		2301	1,8
10	0452	7,4	25	0501	6,9
	1111	1,2		1117	1,8
Sa	1715	7,8	So	1717	7,2
	2334	1,0		2332	1,6
11	0537	7,6	26	0532	7,1
	1156	1,0		1148	1,6
So	1759	8,0	Mo	1747	7,4
12	0018	0,8	27	0003	1,5
	0620	7,7		0603	7,2
Mo	1238	1,0	Di	1218	1,5
	1841	7,9		1818	7,4
13	0059	1,0	28	0034	1,4
	0701	7,5		0634	7,2
Di	1319	1,2	Mi	1250	1,5
	1919	7,7		1849	7,4
14	0138	1,3	29	0106	1,5
	0738	7,2		0705	7,2
Mi	1358	1,6	Do	1322	1,6
	1957	7,2		1922	7,2
15	0217	1,7	30	0140	1,7
	0816	6,8		0739	7,0
Do	1437	2,0	Fr	1358	1,9
	2035	6,7		1957	6,9
			31	0218	2,0
				0817	6,7
			Sa	1439	2,2
				2038	6,5

UTC + 1 h 00 min (MEZ)

Auszug Gezeitentafeln 1991 Band I

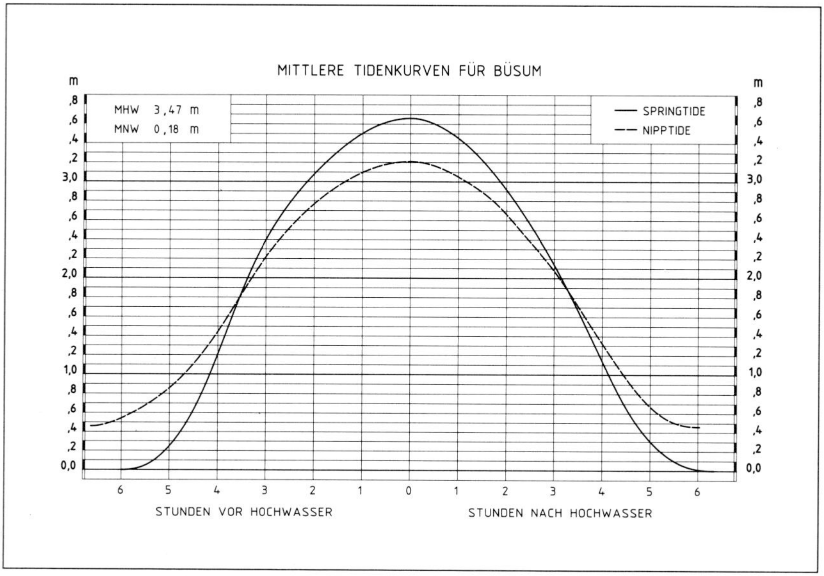

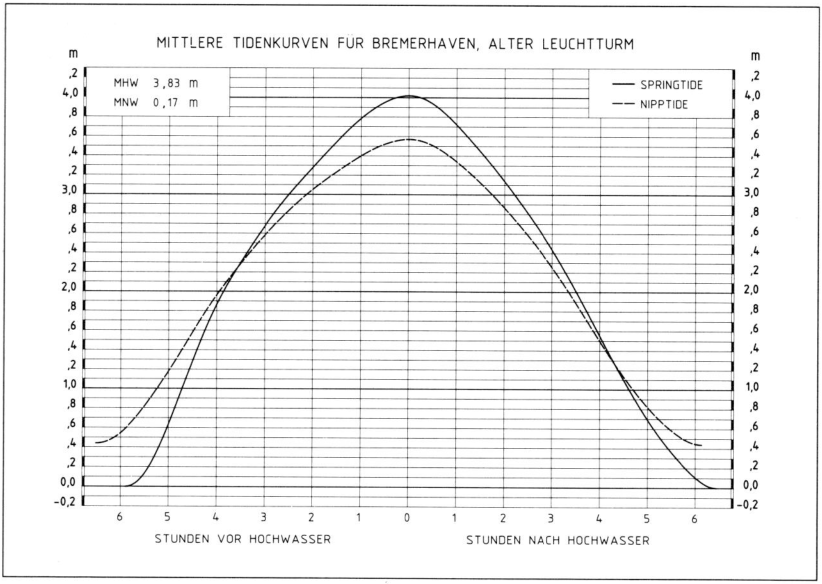

Auszug Gezeitentafeln 1991 Band I

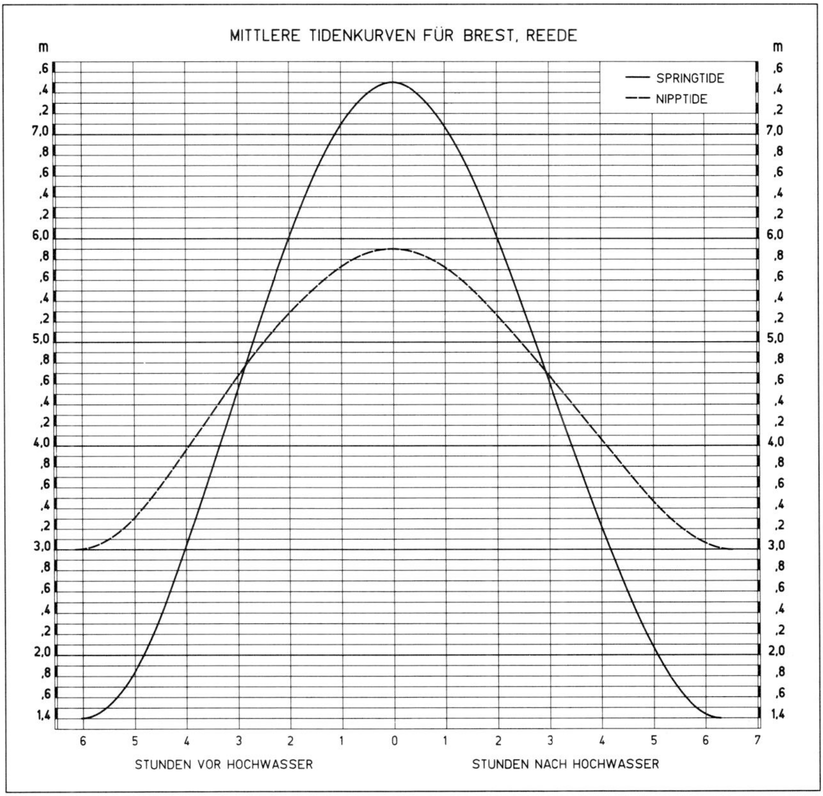

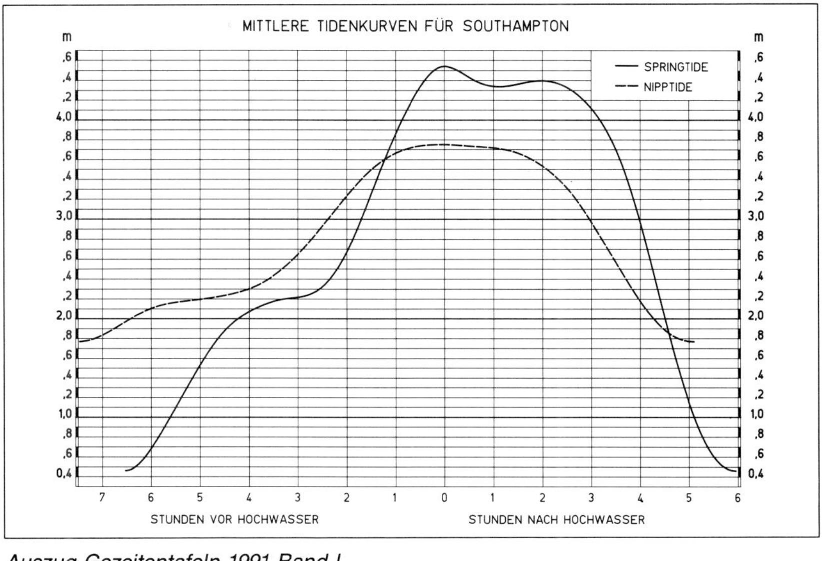

Auszug Gezeitentafeln 1991 Band I

Nr.	Ort	Geogr. Lage: Breite	Länge	HW	NW	Mittlere Höhen des Bezugsortes			
		° '	° '	h min	h min	m	m	m	m
	Bezugsort: BERGEN (Seite 9–11)					**SpHW 1,4**	**NpHW 1,1**	**SpNW 0,2**	**NpNW 0,5**
				Zeitunterschiede		Höhenunterschiede			
	U T C + 1 h 00 min	N	E						
	Römö								
598	Römö Havn (Havneby) . . . . . . DK	55 05	8 34	– 8 57	– 8 56	+0,4	+0,5	–0,2	–0,2
599	Höjer – Sperrwerk	54 58	8 40	– 8 37	*	+0,9	+1,0	–0,2	–0,1
509	**Bezugsort: HELGOLAND (Seite 13–15)**					**SpHW 2,7**	**NpHW 2,3**	**SpNW 0,0**	**NpNW 0,4**
	BUNDESREPUBLIK DEUTSCHLAND								
	Deutsche Bucht								
608	Elbe – Feuerschiff	54 00	8 07	+ 0 10	*	*	*	*	*
609	Weser – Feuerschiff	53 55	7 50	– 0 09	*	*	*	*	*
611	Borkumriff – Tonne	53 48	6 22	– 1 29	*	*	*	*	*
	Schleswig – Holstein								
	Lister Tief								
615	Ansteuerungstonne	55 05	8 17	+ 1 50	*	*	*	*	*
616	List West	55 03	8 24	+ 2 05	+ 1 46	–0,8	–0,7	0,0	–0,1
617	List	55 01	8 27	+ 2 47	+ 2 09	–0,8	–0,6	0,0	–0,2
618	Munkmarsch	54 55	8 22	+ 2 56	*	–0,5	–0,4	*	*
619	Hindenburgdamm – Nord	54 53	8 36	+ 2 58	*	–0,5	–0,3	*	*
620	Westerland	54 54	8 17	+ 0 53	+ 1 05	–0,7	–0,6	0,0	–0,1
	Vortrapptief								
	Amrum								
621	Kniepsand	54 40	8 18	+ 1 34	+ 1 27	–0,4	–0,4	*	*
622	Odde	54 43	8 21	+ 1 58	*	–0,4	–0,3	*	*
	Hörnumtief								
623	Hörnum – Odde	54 45	8 17	+ 1 54	+ 1 20	–0,6	–0,4	*	*
624	Hörnum, Hafen	54 46	8 18	+ 2 19	+ 1 36	–0,5	–0,3	0,0	–0,2
505	**Bezugsort: BÜSUM (Seite 20–22)**					**SpHW 3,7**	**NpHW 3,2**	**SpNW 0,0**	**NpNW 0,5**
655	Tümlauer Bucht	54 21	8 41	+ 0 21	*	–0,3	–0,3	*	*
	Eider								
656	Außeneider, Ansteuerungstonne . .	54 14	8 18	– 0 25	*	*	*	*	*
657	St. Peter	54 18	8 37	+ 0 07	+ 0 39	–0,3	–0,2	*	*
658	Linnenplate	54 13	8 40	– 0 03	+ 0 29	–0,2	–0,2	0,0	0,0
659	Süderhöft	54 16	8 42	+ 0 07	+ 0 38	–0,1	–0,1	0,0	0,0
661	Tönning	54 19	8 57	+ 1 47	+ 2 26	–0,7	–0,6	+0,1	–0,2
662	Friedrichstadt	54 22	9 06	+ 2 43	+ 3 43	*	*	*	*
663	Nordfeld	54 20	9 08	+ 2 50	+ 4 04	*	*	*	*
664	Eidersperrwerk AP	54 16	8 51	+ 0 23	+ 1 24	*	*	*	*
	Norderpiep								
665	Ansteuerungstonne	54 12	8 28	– 0 18	*	*	*	*	*
666	Blauort	54 10	8 41	– 0 06	+ 0 06	–0,2	–0,2	*	*
667	Hedwigenkoog	54 10	8 50	+ 0 05	+ 0 17	0,0	0,0	*	*
	Meldorfer Bucht								
667b	Helmsanderkoog AP	54 06	8 57	+ 0 02	+ 0 09	+0,1	+0,1	0,0	0,0
669	Deichsiel	54 02	8 58	+ 0 02	+ 0 09	+0,1	+0,1	0,0	0,0
	Süderpiep								
670	Ansteuerungstonne	54 08	8 19	– 0 28	*	*	*	*	*
671	Tertius	54 07	8 39	– 0 08	+ 0 02	–0,2	–0,1	0,0	+0,1
	Norderelbe								
672	Ansteuerungstonne	54 03	8 26	– 0 24	*	*	*	*	*
673	Trischen, West	54 04	8 39	– 0 10	+ 0 07	–0,2	–0,2	0,0	0,0
675	Friedrichskoog, Hafen	54 00	8 53	+ 0 28	*	–0,1	0,0	*	*

* : Keine Angaben

Auszug Gezeitentafeln 1991 Band I

Nr.	Ort	Geogr. Lage: Breite	Geogr. Lage: Länge	HW	NW	Mittlere Höhen des Bezugsortes			
		° ′	° ′	h min	h min	m	m	m	m
508	**Bezugsort: HAMBURG (Seite 30–32)**					**SpHW 3,6**	**NpHW 3,2**	**SpNW 0,0**	**NpNW 0,0**
				Zeitunterschiede		Höhenunterschiede			
	UTC + 1 h 00 min	N	E						
730	Over	53 26	10 06	+ 0 35	+ 1 02	−0,3	−0,3	+0,4	+0,2
731	Zollenspieker	53 24	10 11	+ 0 50	+ 1 34	−0,4	−0,5	+0,6	+0,5
731a	Drennhausen	53 25	10 17	+ 1 11	+ 2 04	−0,6	−0,7	+0,7	+0,5
103	**Bezugsort: BREMERHAVEN (Seite 34–36)**					**SpHW 4,0**	**NpHW 3,6**	**SpNW 0,0**	**NpNW 0,4**
	Wesergebiet								
734	Alte Weser, Leuchtturm	53 52	8 08	− 1 20	− 1 02	−0,8	−0,8	0,0	0,0
	Robinsbalje								
735	Dorumer Tief, Dorumer Siel	53 44	8 31	− 0 33	*	−0,2	−0,2	*	*
737	Dwarsgat – Unterfeuer	53 43	8 19	− 0 47	− 0 44	−0,3	−0,4	0,0	0,0
	Fedderwarder Priel								
738	Fedderwardersiel	53 36	8 22	− 0 27	− 0 12	−0,1	−0,1	0,0	0,0
740	Bremerhaven, Doppelschleuse	53 32	8 35	+ 0 05	+ 0 07	0,0	0,0	0,0	0,0
741	Nordenham	53 29	8 29	+ 0 20	+ 0 24	0,0	0,0	−0,1	−0,1
743	Brake	53 19	8 29	+ 0 49	+ 1 11	0,0	0,0	−0,2	−0,3
744	Elsfleth	53 16	8 29	+ 1 01	+ 1 28	0,0	0,0	0,0	−0,2
	Hunte								
745	Huntebrück	53 12	8 27	+ 1 19	+ 2 03	−0,4	−0,3	0,0	−0,3
746	Hollersiel	53 10	8 23	+ 1 58	+ 2 44	−1,1	−1,0	+0,2	−0,3
747	Reithörne	53 10	8 19	+ 2 15	+ 3 05	−1,2	−1,1	+0,2	−0,3
748	Oldenburg, Drielake	53 08	8 14	+ 2 27	+ 3 36	−1,0	−1,0	+0,2	−0,3
	Bezugsort: BREST (Seite 73–75)					**SpHW 7,5**	**NpHW 5,9**	**SpNW 1,4**	**NpNW 3,0**
				Zeitunterschiede		Höhenunterschiede			
	UTC + 1 h 00 min	N	W						
	Seine – Bucht								
976	St. Vaast – la – Hougue	49 34	1 16	+ 4 56	+ 5 31	−0,9	−0,5	−0,5	−0,7
977	Barfleur	49 40	1 15	+ 4 55	+ 5 08	−0,9	−0,6	−0,2	−0,4
978	Cherbourg FR	49 39	1 38	+ 3 56	+ 4 22	−1,2	−0,9	−0,3	−0,5
979	Omonville	49 43	1 52	+ 3 44	+ 4 00	−1,3	−0,9	−0,3	−0,4
980	Goury	49 43	1 56	+ 3 05	+ 3 07	+0,5	+0,7	−0,2	+0,5
	Rivière de Tréguier								
1021	Plougrescant	48 51	3 13	+ 1 21	+ 1 31	+2,2	+1,6	0,0	+0,5
1022	Tréguier	48 47	3 13	+ 1 26	+ 1 22	+2,3	+1,6	−0,3	+0,3
1022a	Perros – Guirec	48 49	3 27	+ 1 22	+ 1 18	+1,9	+1,3	−0,1	+0,5
1023	Ploumanach	48 50	3 29	+ 1 23	+ 1 15	+1,5	+1,2	−0,3	+0,4
	Rivière de Lannion								
1025	Le Yaudet 5	48 44	3 32	+ 1 04	*	+1,2	*	*	*
1026	Anse de Primel 5	48 43	3 50	+ 1 05	+ 1 08	+1,7	+1,3	0,0	+0,6
	Rivière de Morlaix								
1028	Château du Taureau 5	48 41	3 53	+ 1 07	+ 1 05	+1,5	+1,1	−0,1	+0,5
1029	Morlaix 5	48 35	3 50	+ 1 09	*	+1,9	*	*	*
1030	Roscoff 5 FR	48 43	3 58	+ 1 02	+ 1 04	+1,4	+1,1	−0,1	+0,4
1031	Ile de Batz 5	48 44	4 00	+ 0 56	+ 1 00	+1,4	+1,1	0,0	+0,5
1033	L' Aberwrac'h 5	48 36	4 34	+ 0 28	+ 0 31	+0,4	+0,2	−0,3	−0,1
1034	L' Aberbenoit	48 35	4 38	+ 0 21	+ 0 34	+0,6	+0,5	−0,2	0,0
1035	Portsall	48 33	4 42	+ 0 20	+ 0 16	+0,6	+0,6	+0,1	+0,4
1037	Ile d' Ouessant, Baie de Lampaul	48 27	5 06	+ 0 02	− 0 04	−0,1	−0,1	+0,1	0,0

* : Keine Angaben

Nr. 1–24 : siehe Seite 193, Tafel 4.

FR : Ausführliche Vorausberechnungen in französischen Gezeitentafeln

Auszug Gezeitentafeln 1991 Band I

Tafel 1a

Gezeitengrundwerte der europäischen Bezugsorte. 1991

Seite	Bezugsort	Spring-verspätung	Mittlere Steig-dauer	Mittlere Fall-dauer	MSpHW	MNpHW	MSpNW	MNpNW	Art der Voraus-berechn.	Voraus-berechn. durch
		d h	h min	h min	m	m	m	m		
2	Ekaterininskaja	1 19	06 05	06 20	3,65	2,97	0,65	1,33	H.V.	DE
6	Narvik	2 02	06 06	06 19	3,07	2,39	0,52	1,20	H.V.	NO
9	Bergen	2 02	06 14	06 11	1,40	1,08	0,20	0,52	H.V.	NO
13	Helgoland	2 22	05 40	06 45	2,70	2,32	0,00	0,38	H.U.	DE
16	Husum	3 00	05 52	06 33	3,80	3,37	0,00	0,46	H.U.	DE
20	Büsum	3 01	06 16	06 09	3,67	3,21	0,00	0,46	H.U.	DE
23	Cuxhaven	3 00	05 40	06 45	3,39	2,93	0,00	0,38	H.U.	DE
27	Brunsbüttel	3 01	05 23	07 02	3,09	2,70	−0,02	0,24	H.U.	DE
30	Hamburg	3 04	05 06	07 19	3,58	3,20	−0,03	0,07	H.U.	DE
34	Bremerhaven	3 00	06 07	06 18	4,02	3,58	0,00	0,45	H.U.	DE
37	Bremen	3 03	05 13	07 12	4,09	3,58	−0,22	−0,03	H.U.	DE
41	Wilhelmshaven	3 00	06 16	06 09	4,23	3,73	0,00	0,55	H.U.	DE
44	Norderney	2 22	06 04	06 21	2,76	2,39	0,00	0,41	D.V.	DE
48	Borkum	2 21	06 05	06 20	2,67	2,36	0,00	0,38	D.V.	DE
51	Emden	2 23	06 06	06 19	3,51	3,15	0,00	0,40	H.U.	DE
55	Terschelling	2 14	06 19	06 06	2,25	2,01	0,18	0,48	N.V.	NL
58	Hoek van Holland	2 04	06 47	05 38	2,05	1,66	0,21	0,20	N.V.	NL
61	Vlissingen	2 03	05 55	06 30	4,71	3,85	0,29	0,83	N.V.	NL
65	Le Havre	1 23	05 25	07 00	7,90	6,60	1,20	3,00	N.V.	FR
69	St. Malo	2 02	05 30	06 55	12,25	9,25	1,50	4,40	N.V.	FR
73	Brest	1 15	06 03	06 22	7,50	5,90	1,40	3,00	N.V.	FR
77	Plymouth	1 18	06 11	06 14	5,55	4,39	0,76	2,16	H.V.	G.H.
81	Southampton	1 21	06 45	05 40	4,54	3,75	0,46	1,77	H.C.	G.I.
85	Portsmouth	2 02	07 08	05 17	4,69	3,81	0,61	1,77	H.C.	G.H.
89	Dover	2 03	05 07	07 18	6,68	5,33	0,76	1,98	H.C.	G.I.
93	London Bridge	2 17	05 56	06 29	7,10	5,79	0,46	1,56	H.C.	G.I.
97	Immingham	2 00	06 04	06 21	7,26	5,76	0,86	2,56	H.V.	G.I.
101	Leith	1 15	06 29	05 56	5,58	4,54	0,79	2,13	H.C.	G.I.
105	Aberdeen	1 13	06 18	06 07	4,27	3,41	0,64	1,65	H.V.	G.I.
109	Ullapool	1 09	06 06	06 19	5,18	3,90	0,73	2,10	H.V.	G.H.
112	Oban	1 11	06 10	06 15	3,99	2,93	0,73	1,77	H.V.	G.H.
116	Greenock	2 16	06 41	05 44	3,44	2,90	0,37	1,01	H.C.	G.H.
119	Liverpool	1 20	05 37	06 48	9,33	7,44	0,94	2,87	H.C.	G.I.
123	Avonmouth	2 10	05 35	06 50	13,23	10,00	0,94	3,54	H.C.	G.I.
127	Cobh	1 20	05 52	06 33	4,20	3,30	0,50	1,40	H.V.	G.I.
131	Pointe de Grave	1 10	06 28	05 57	5,35	4,35	1,05	2,10	D.V.	FR
135	Lissabon	1 03	06 39	05 46	3,78	2,92	0,58	1,51	H.V.	G.H.
139	Gibraltar	1 05	06 34	05 51	0,98	0,73	0,09	0,34	H.V.	G.H.

Abkürzungen:
D.V. = Differenzen-Verfahren
H.C. = Harmonisches Verfahren mit Verbesserungen
H.U. = Harmonische Darstellung der Ungleichheiten
H.V. = Harmonisches Verfahren
N.V. = Nonharmonisches Verfahren

DE = Bundesamt für Seeschiffahrt und Hydrographie, Hamburg
FR = Service Hydrographique et Océanographique de la Marine, Paris
G.H. = Hydrographic Department, Taunton Somerset
G.I. = Institute of Oceanograpic Sciences, Birkenhead
NL = Rijkswaterstaat, 's-Gravenhage
NO = Norges Sjøkartverk, Stavanger

Tafel 3a

Mondphasen 1991. UTC

	Tag		Uhr	Tag		Uhr	Tag		Uhr	Tag		Uhr
Letztes Viertel	Jan	7	18.35	Apr	7	6.45	Jul	5	2.50	Okt	1	0.30
Neumond		15	23.50		14	19.38		11	19.06		7	21.39
Erstes Viertel		23	14.21		21	12.39		18	15.11		15	17.33
Vollmond		30	6.10		28	20.58		26	18.24		23	11.08
Letztes Viertel	Feb	6	13.52	Mai	7	0.46	Aug	3	11.25		30	7.10
Neumond		14	17.32		14	4.36		10	2.28	Nov	6	11.11
Erstes Viertel		21	22.58		20	19.46		17	5.01		14	14.02
Vollmond		28	18.25		28	11.37		25	9.07		21	22.56
Letztes Viertel	Mrz	8	10.32	Jun	5	15.30	Sep	1	18.16		28	15.21
Neumond		16	8.10		12	12.06		8	11.01	Dez	6	3.56
Erstes Viertel		23	6.03		19	4.19		15	22.01		14	9.32
Vollmond		30	7.17		27	2.58		23	22.40		21	10.23
Letztes Viertel											28	1.55

Auszug Gezeitentafeln 1991 Band I

Tafel 4

Tafel zur Verbesserung der Hoch- und Niedrigwasserzeiten wegen halbmonatlicher Ungleichheit

Nr.		Uhr 0 12	Uhr 1 13	Uhr 2 14	Uhr 3 15	Uhr 4 16	Uhr 5 17	Uhr 6 18	Uhr 7 19	Uhr 8 20	Uhr 9 21	Uhr 10 22	Uhr 11 23
		min	min	min	min	min	min	min	min	min	min	min	min
1	HW	+20	+22	+19	+10	+01	−06	−11	−13	−11	−06	+02	+12
	NW	−09	−12	−11	−06	−02	+05	+14	+19	+19	+13	+05	−03
2	HW	−11	−10	−04	+03	+09	+08	+04	00	−01	−03	−05	−09
	NW	+09	+04	−04	−11	−13	−12	−10	−06	−01	+03	+06	+09
3	HW	−06	−04	00	+02	+04	+06	+06	+02	−03	−07	−09	−08
	NW	+09	+01	−07	−15	−18	−16	−11	−05	+01	+07	+11	+12
4	HW	−07	−05	−01	+02	+04	+05	+04	+02	00	−03	−06	−09
	NW	+11	+04	−03	−09	−12	−14	−12	−08	−03	+02	+07	+10
5	HW	−07	−06	−03	+02	+06	+08	+06	+03	−03	−08	−10	−09
	NW	+07	+03	−05	−15	−18	−13	−06	−01	+02	+04	+07	+09
6	HW	−11	−06	−02	00	+01	+09	+11	+05	+01	−01	−08	−13
	1. NW	+06	−01	−04	−05	−10	−10	−05	00	+04	+06	+08	+11
	2. NW	−12	−14	−13	00	+05	+08	+19	+26	+25	+12	−03	−09
7	HW	−02	−02	00	+03	+02	−01	−02	−01	00	+01	+02	00
	NW	+08	+07	+05	00	−05	−11	−13	−11	−07	−02	+02	+07
8	HW	−01	−04	−02	−02	−03	−01	+01	+04	+05	+04	+04	+02
	NW	00	+18	+26	+27	+24	+18	+09	−02	−11	−17	−17	−16
9	HW	+03	−01	−04	−04	−04	−04	−04	−03	−01	+03	+07	+08
	NW	−06	−10	−10	−08	−04	+04	+12	+17	+17	+14	+07	+01
10	HW	+13	+05	−03	−08	−06	−04	−05	−05	−03	+03	+10	+15
	NW	−08	−08	−07	−01	+06	+13	+15	+13	+08	+01	−02	−04
11	HW	+01	+02	+03	+02	+02	+02	+01	−01	−04	−05	−05	−04
	NW	−08	−03	+01	+06	+09	+12	+11	+07	+01	−02	−06	−11
12	HW	−06	−05	−01	+01	+03	+07	+10	+10	+06	−01	−02	−05
	NW	+19	+17	+11	+03	−02	−07	−13	−14	−08	+03	+10	+17
13	HW	+07	+06	+03	−01	−09	−14	−14	−09	−02	+02	+03	+06
	NW	00	+03	+05	+05	+04	+01	−02	−04	−02	−01	−03	−02
14	HW	+15	+16	+15	+09	00	−06	−11	−13	−09	+01	+08	+12
	NW	−06	−08	−09	−07	00	+10	+16	+17	+13	+07	+02	−02
15	HW	+29	+23	+10	00	−08	−15	−17	−15	−07	+03	+15	+27
	NW	−20	−19	−13	+01	+10	+19	+27	+28	+22	+09	−02	−12
16	HW	+20	+18	+10	00	−08	−14	−15	−10	−02	+07	+11	+17
	NW	−18	−16	−07	+06	+14	+19	+22	+20	+13	+03	−05	−13
17	HW	+47	+42	+23	+05	−04	−11	−15	−20	−19	−16	+01	+31
	NW	−10	−12	−12	−08	−02	+16	+30	+31	+19	+04	−04	−07
18	HW	+19	+22	+17	+06	−03	−08	−11	−10	−06	−01	00	+08
	NW	−13	−14	−12	−05	−03	+05	+19	+27	+25	+13	+02	−05
19	HW	+27	+23	+12	+08	+02	−02	−11	−14	−23	−20	−03	+16
	NW	+03	+01	+03	+03	00	−04	−09	−11	−08	−01	+05	+07
20	HW	+34	+18	+07	+06	−02	−05	−16	−20	−28	−10	+19	+36
	NW	+03	+07	+10	+07	+01	−03	−05	−05	−06	−06	−04	−01
21	HW	−04	−03	−01	00	+02	+02	+01	+01	+01	+01	−01	−03
	NW	−08	−05	00	+04	+07	+09	+08	+07	+04	+01	−03	−06
22	HW	+05	+01	−04	−10	−05	+04	+08	+02	−03	−01	+05	+07
	NW	+01	−08	−18	−21	−19	−14	−05	+04	+12	+11	+12	+08
23	HW	−01	−02	−03	−03	−03	−03	−01	+01	+02	+03	+02	+01
	NW	−02	−07	−11	−09	−04	+05	+12	+12	+11	+10	+08	+05
24	HW	+02	00	−03	−05	−06	−04	−01	+01	+02	+03	+02	+03
	NW	−04	−10	−11	−07	−01	+05	+12	+14	+13	+10	+06	+02

Zur Entnahme der Verbesserung mit der Hoch- oder Niedrigwasserzeit des Bezugsortes eingehen!

Auszug Gezeitentafeln 1991 Band I

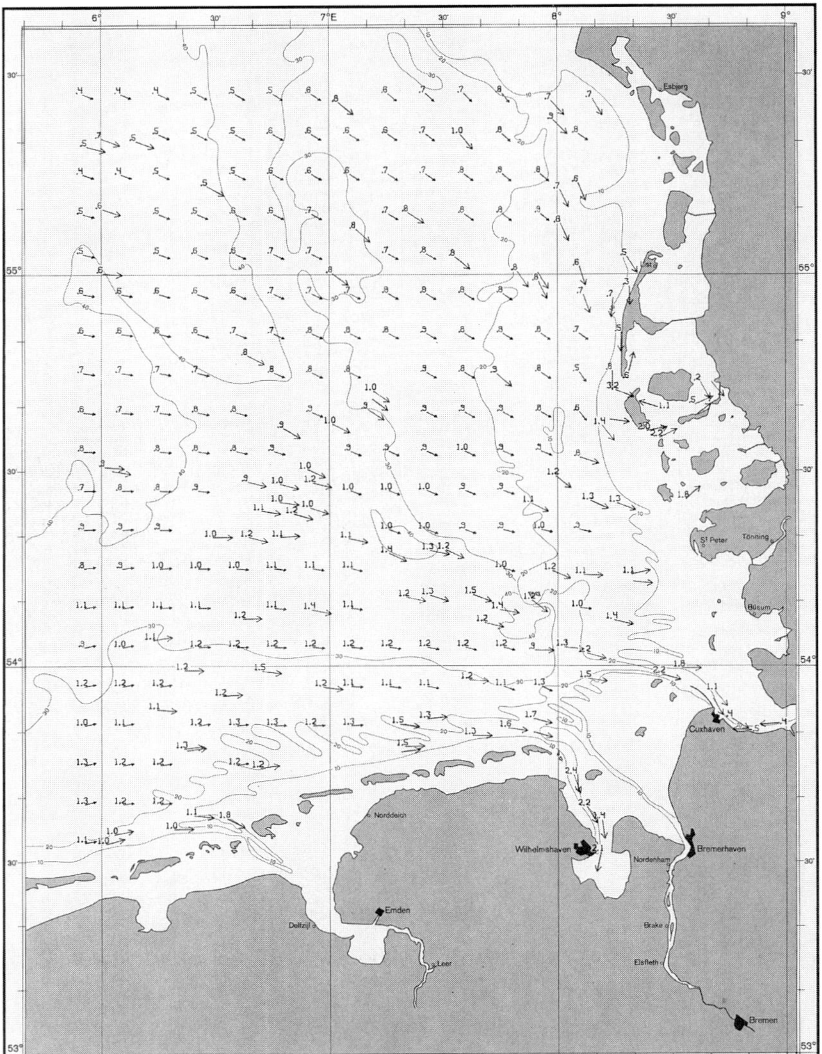

3 h vor HW Helgoland
Auszug Atlas der Gezeitenströme in der Deutschen Bucht

Tab. C 5.1.3 a Gezeitenstromangaben für ausgewählte Positionen auf der Weser (Zeiten bezogen auf HW Bremerhaven)

Ort	Position		Einlaufender Strom					Auslaufender Strom				
			max. Geschw.	Beginn	Stärkster Strom von	Max.	bis	max. Geschw.	Beginn	Stärkster Strom von	Max.	bis
	° ′N	° ′E	sm/h	h min	h min	h min	h min	sm/h	h min	h min	h min	h min
Alte Weser	53 53,5	8 03,0	2,0	−6 40	–	−4 20	–	2,2	−0 50	–	+2 10	–
querab Lcht-Tm. Alte Weser	53 51,8	8 07,8	2,2	−6 30	–	−4 20	–	2,4	−0 20	–	+2 20	–
Neue Weser	53 51,0	8 01,0	2,4	−6 50	–	−4 30	–	2,4	−0 50	–	+2 10	–
Hohewegrinne, querab Lcht-Tm. Mellum Plate	53 48,0	8 08,7	2,6	−6 30	–	−4 30	–	2,8	−0 30	–	+2 30	–
Fedderwarderfahrwasser querab Robbennordsteert-Lcht-Tm.	53 42,0	8 20,0	2,6	−6 10	−4 40	−3 40	−2 20	3,8	±0 00	+1 30	+3 00	+4 40
querab Rcht-F. Wremerloch	53 38,5	8 25,5	3,2	−5 30	−4 10	−3 10	−2 00	3,4	+0 20	+2 10	wechselnd	+5 00
Bremerhaven, querab Einfahrt Nordschleuse	53 33,8	8 32,8	2,8	−5 10	−4 10	−3 10	−2 10	3,4	+1 00	+2 40	„	+5 20
bei Blexen-Reede, NO-Teil	53 31,5	8 33,9	2,6	−5 00	−4 10	wechselnd	−2 00	3,4	+1 00	+2 40	„	+5 40
Nordenham, querab Midgard-Pier	53 29,3	8 29,9	2,6	−4 50	−4 00	„	−1 50	3,2	+1 10	+2 50	„	+6 00
Brake, querab Einf. Binnenhafen	53 19,8	8 29,5	2,2	−4 10	−3 20	−2 10	±0 00	2,6	+1 30	+2 40	„	+7 00
querab Farge	53 12,0	8 31,0	2,0	−3 30	−2 50	−2 00	−0 30	2,2	+1 40	+2 40	„	+7 50
querab Vegesacker Hafen	53 10,0	8 37,4	1,8	−3 20	−2 40	−2 00	−1 00	1,8	+1 40	+2 40	„	+8 10
Bremen, querab Einfahrt Industriehäfen	53 07,2	8 42,3	1,2	−3 00	−2 40	−2 10	−1 20	1,2	+2 00	+2 40	„	+8 40
Bremen, querab Einfahrt Überseehafen	53 06,5	8 44,8	1,0	−3 00	−2 40	−2 20	−1 40	1,0	+1 50	+2 50	„	+8 50

Auszug Nordsee-Handbuch, Östlicher Teil

ROSCOFF

Heures UT + 1 h — HEURES ET HAUTEURS DES PLEINES ET BASSES MERS — Lat. 48°43′ N, Long. 3°58′ W

AVRIL 1991						MAI 1991						JUIN 1991					
	Heures h min	Haut. m		Heures h min	Haut. m		Heures h min	Haut. m		Heures h min	Haut. m		Heures h min	Haut. m		Heures h min	Haut. m
1 L	1 19 7 13 13 35 19 29	1,1 8,85 1,2 8,7	**16** Ma	0 54 6 50 13 13 19 09	0,9 9,1 0,9 9,05	**1** Me	1 27 7 21 13 43 19 38	1,7 8,25 1,95 8,3	**16** J	1 17 7 14 13 40 19 38	1,1 8,8 1,3 8,9	**1** S	2 17 8 12 14 34 20 30	2,25 7,7 2,55 7,85	**16** D	2 46 8 45 15 10 21 10	1,3 8,4 1,65 8,6
2 Ma	1 50 7 44 14 06 20 01	1,35 8,6 1,55 8,4	**17** Me	1 33 7 29 13 52 19 49	0,95 8,95 1,1 8,9	**2** J	1 59 7 54 14 15 20 11	1,95 8,0 2,25 8,0	**17** V	2 04 8 02 14 27 20 27	1,3 8,55 1,6 8,65	**2** D	2 51 8 47 15 10 21 06	2,5 7,45 2,75 7,65	**17** L	3 34 9 33 15 58 21 58	1,6 8,1 1,95 8,3
3 Me	2 22 8 16 14 36 20 31	1,75 8,2 2,0 8,05	**18** J	2 13 8 11 14 34 20 31	1,25 8,65 1,55 8,55	**3** V	2 32 8 28 14 49 20 44	2,3 7,65 2,65 7,7	**18** S	2 51 8 51 15 17 21 17	1,6 8,2 2,0 8,25	**3** L	3 28 9 26 15 48 21 46	2,75 7,25 3,0 7,4	**18** Ma	4 22 10 22 16 47 22 48	1,95 7,8 2,35 7,95
4 J	2 52 8 47 15 08 21 03	2,2 7,75 2,55 7,6	**19** V	2 56 8 54 15 19 21 18	1,65 8,15 2,1 8,1	**4** S	3 06 9 02 15 25 21 22	2,7 7,25 3,05 7,3	**19** D	3 42 9 43 16 10 22 11	2,0 7,75 2,4 7,9	**4** Ma	4 09 10 08 16 32 22 32	2,95 7,05 3,15 7,2	**19** Me *PQ*	5 12 11 16 17 39 23 44	2,35 7,45 2,7 7,6
5 V	3 25 9 21 15 43 21 40	2,75 7,2 3,15 7,1	**20** S	3 43 9 44 16 11 22 13	2,25 7,6 2,7 7,55	**5** D	3 45 9 42 16 06 22 06	3,1 6,85 3,45 6,95	**20** L *PQ*	4 39 10 42 17 08 23 14	2,4 7,4 2,75 7,6	**5** Me *DQ*	4 57 10 58 17 22 23 26	3,1 6,9 3,25 7,1	**20** J	6 08 12 15 18 39	2,75 7,25 2,95
6 S	4 03 10 01 16 26 22 27	3,3 6,65 3,7 6,6	**21** D *PQ*	4 41 10 46 17 16 23 24	2,8 7,05 3,15 7,2	**6** L	4 31 10 33 16 59 23 04	3,45 6,5 3,7 6,7	**21** Ma	5 41 11 49 18 15	2,7 7,2 2,9	**6** J	5 50 11 57 18 21	3,15 6,9 3,2	**21** V	0 49 7 11 13 23 19 45	7,35 3,0 7,15 3,1
7 D *DQ*	4 53 10 58 17 27 23 37	3,8 6,2 4,05 6,3	**22** L	5 55 12 07 18 37	3,05 6,85 3,25	**7** Ma *DQ*	5 31 11 39 18 06	3,6 6,4 3,7	**22** Me	0 25 6 50 13 02 19 26	7,5 2,75 7,2 2,85	**7** V	0 29 6 52 13 04 19 25	7,15 3,05 7,05 3,0	**22** S	1 57 8 21 14 31 20 55	7,25 3,1 7,2 3,05
8 L	6 08 12 25 18 57	4,0 6,05 4,05	**23** Ma	0 54 7 22 13 39 20 04	7,2 2,95 7,05 2,95	**8** Me	0 18 6 44 12 57 19 22	6,65 3,55 6,55 3,5	**23** J	1 39 8 02 14 13 20 35	7,5 2,7 7,35 2,7	**8** S	1 36 7 58 14 08 20 31	7,35 2,85 7,4 2,7	**23** D	3 03 9 25 15 33 21 54	7,25 3,05 7,35 2,9
9 Ma	1 16 7 44 14 02 20 27	6,35 3,8 6,35 3,65	**24** Me	2 18 8 43 14 53 21 16	7,5 2,55 7,45 2,5	**9** J	1 34 7 58 14 08 20 31	6,95 3,2 6,95 3,05	**24** V	2 44 9 06 15 13 21 34	7,65 2,55 7,6 2,5	**9** D	2 38 9 01 15 08 21 30	7,65 2,5 7,75 2,3	**24** L	4 01 10 22 16 27 22 48	7,4 2,9 7,6 2,65
10 Me	2 40 9 03 15 12 21 32	6,8 3,25 6,85 3,05	**25** J	3 23 9 45 15 51 22 11	7,9 2,15 7,85 2,05	**10** V	2 38 9 00 15 05 21 25	7,35 2,7 7,45 2,5	**25** S	3 40 10 01 16 06 22 25	7,8 2,35 7,85 2,25	**10** L	3 37 9 59 16 04 22 26	7,95 2,15 8,2 1,9	**25** Ma	4 51 11 11 17 13 23 33	7,55 2,7 7,8 2,4
11 J	3 38 9 57 16 01 22 20	7,35 2,65 7,45 2,4	**26** V	4 15 10 35 16 37 22 57	8,2 1,8 8,2 1,75	**11** S	3 31 9 50 15 54 22 13	7,8 2,2 7,95 1,95	**26** D	4 28 10 49 16 50 23 11	7,95 2,2 8,05 2,1	**11** Ma	4 31 10 53 16 57 23 21	8,3 1,8 8,55 1,5	**26** Me	5 34 11 55 17 54	7,7 2,5 8,0
12 V	4 22 10 40 16 41 22 59	7,9 2,0 8,05 1,8	**27** S	4 58 11 19 17 18 23 39	8,45 1,6 8,4 1,55	**12** D	4 17 10 37 16 39 22 59	8,25 1,75 8,4 1,55	**27** L	5 12 11 32 17 31 23 53	8,05 2,15 8,15 2,0	**12** Me *NL*	5 24 11 47 17 50	8,55 1,5 8,8	**27** J *PL*	0 16 6 13 12 35 18 31	2,25 7,85 2,35 8,15
13 S	5 00 11 19 17 18 23 38	8,4 1,5 8,5 1,35	**28** D *PL*	5 37 11 58 17 56	8,55 1,5 8,55	**13** L	5 00 11 22 17 22 23 44	8,6 1,4 8,75 1,25	**28** Ma *PL*	5 51 12 13 18 10	8,1 2,1 8,25	**13** J	0 15 6 15 12 41 18 41	1,25 8,7 1,35 8,95	**28** V	0 54 6 49 13 11 19 06	2,1 7,9 2,25 8,2
14 D *NL*	5 36 11 57 17 55	8,8 1,1 8,85	**29** L	0 17 6 13 12 35 18 30	1,5 8,55 1,55 8,55	**14** Ma *NL*	5 44 12 07 18 06	8,8 1,2 8,95	**29** Me	0 32 6 28 12 51 18 46	1,95 8,1 2,1 8,25	**14** V	1 08 7 06 13 33 19 32	1,1 8,75 1,3 9,0	**29** S	1 29 7 23 13 46 19 41	2,05 7,95 2,2 8,2
15 L	0 16 6 13 12 35 18 31	1,05 9,0 0,9 9,05	**30** Ma	0 53 6 47 13 10 19 04	1,55 8,45 1,7 8,45	**15** Me	0 30 6 28 12 54 18 51	1,05 8,9 1,15 9,0	**30** J	1 08 7 03 13 26 19 21	2,0 8,0 2,2 8,2	**15** S	1 58 7 57 14 22 20 21	1,15 8,65 1,4 8,85	**30** D	2 02 7 57 14 19 20 13	2,0 7,9 2,2 8,15
									31 V	1 43 7 38 14 00 19 55	2,1 7,85 2,35 8,05						

Pour se rapporter à l'heure d'été (heures UT + 2 h), ajouter une heure aux heures indiquées.

AUSZUG AUS DEN GEZEITENTAFELN 1991 DES S. H. O. M., BAND I, FRANZÖSISCHE HÄFEN, REPRODUZIERT ENTSPRECHEND GENEHMIGUNGSNUMMER 74/92.

Heures UT + 1 h

NOM DU PORT	LAT. N. ° ′	LONG. ° ′	Niveau de mi-marée m	HEURES AU PORT PRINCIPAL DE RÉFÉRENCE				HAUTEURS AU PORT PRINCIPAL DE RÉFÉRENCE			
				Pleines mers		Basses mers		Pleines mers		Basses mers	
				VE	ME	ME	VE	VE	ME	ME	VE
				h min	h min	h min	h min	m	m	m	m
ROSCOFF pages : 105-109	**48 43**	**3 58 W**	**5,17**	**6 59** **18 59**	**0 27** **12 27**	**6 30** **18 30**	**1 13** **13 13**	**8,9$_5$**	**7,0**	**3,4$_5$**	**1,3**
				Correction aux heures				Correction aux hauteurs			
Trébeurden	48 46	3 35 W	5,28	+0 05	+0 12	+0 13	+0 07	+0,1$_5$	+0,2	+0,0$_5$	+0,0$_5$
Le Yaudet (Rivière de Lannion)	48 44	3 32 W		+0 02				−0,2$_5$			
Locquirec	48 42	3 38 W	5,30	+0 05	+0 05	+0 05	+0 05	+0,2$_5$	+0,1$_5$	+0,1	0,0
Anse de Primel	48 43	3 50 W	5,36	+0 03	+0 03	+0 05	+0 03	+0,2$_5$	+0,2$_5$	+0,1$_5$	+0,1
Château du Taureau	48 41	3 53 W	5,21	+0 07	+0 03	+0 01	+0 01	+0,0$_5$	+0,0$_5$	+0,0$_5$	0,0
Morlaix (Porte aval de l'écluse)	48 35	3 50 W		+0 07				+0,4$_5$			
Île de Batz	48 44	4 00 W	4,52	−0 04	−0 08	+0 01	−0 09	0,0	0,0	+0,0$_5$	+0,1
L'Aber Wrac'h	48 36	4 34 W	4,52	−0 34	−0 34	−0 29	−0 37	−1,0	−0,8$_5$	−0,5$_5$	−0,1$_5$
L'Aber Benoît	48 35	4 37 W	4,67	−0 35	−0 35	−0 35	−0 35	−0,8	−0,6	−0,4$_5$	−0,1$_5$
Portsall	48 33	4 42 W	4,36	−0 45	−0 40	−0 40	−0 50	−1,3	−1,1	−0,6	−0,2$_5$
L'Aber Ildut	48 28	4 45 W	4,22	−0 55	−0 45	−0 40	−0 50	−1,5	−1,3	−0,7	−0,3
BREST-référence pages : 15-19	**48 20**	**4 29 W**	**4,45**	**5 52** **17 52**	**11 33** **23 33**	**5 41** **17 41**	**0 00** **12 00**	**7,5**	**5,9**	**3,0**	**1,4**
Île d'Ouessant (Baie de Lampaul)	48 27	5 06 W	4,45	+0 03	+0 01	−0 04	−0 03	−0,0$_5$	−0,1	+0,0$_5$	+0,1
Île Molène	48 24	4 58 W	4,43	+0 10	+0 07	+0 13	+0 15	+0,0$_5$	+0,1	−0,0$_5$	−0,1$_5$
Le Conquet	48 22	4 47 W	4,26	−0 02	−0 01	−0 01	+0 08	−0,3	−0,3	−0,1	0,0
Brest (Marégraphe Penfeld)	48 23	4 30 W	4,60	−0 05	−0 03	−0 06	0 00	+0,0$_5$	+0,0$_5$	+0,2	+0,2$_5$
Camaret-sur-Mer	48 16	4 36 W	4,14	−0 14	−0 15	−0 19	−0 17	−0,5$_5$	−0,5	−0,1$_5$	−0,0$_5$
Morgat	48 13	4 30 W	4,17	−0 12	−0 11	−0 17	−0 17	−0,5	−0,5	−0,1$_5$	0,0
Douarnenez	48 06	4 19 W	4,17	−0 12	−0 15	−0 20	−0 15	−0,5$_5$	−0,5	−0,1$_5$	0,0
Île de Sein	48 02	4 51 W	3,78	−0 10	−0 09	−0 16	−0 12	−1,1	−0,9	−0,4$_5$	−0,2$_5$
CONCARNEAU pages : 111-115	**47 52**	**3 55 W**	**2,93**	**5 19** **17 19**	**11 24** **23 24**	**5 23** **17 23**	**11 32** **23 32**	**5,0**	**3,9$_5$**	**1,9$_5$**	**0,8**
Audierne	48 01	4 33 W	3,08	−0 07	−0 12	−0 03	−0 10	+0,2$_5$	+0,1	+0,1$_5$	+0,1
Penmarc'h	47 48	4 22 W	3,05	+0 03	−0 08	−0 12	−0 02	+0,2	+0,1$_5$	+0,1	+0,0$_5$
Le Guilvinec	47 48	4 17 W	3,03	−0 01	−0 02	−0 03	−0 08	+0,1	+0,0$_5$	+0,1	+0,1$_5$
Loctudy	47 50	4 10 W	2,76	+0 02	−0 02	−0 05	−0 02	−0,0$_5$	−0,1$_5$	−0,2	−0,2$_5$
Bénodet	47 53	4 07 W	2,74	+0 08	−0 03	+0 03	−0 11	−0,1	−0,2	−0,2	−0,2
L'Odet { Corniguel	47 58	4 06 W	2,66	+0 41	+0 22	+0 10	+0 13	−0,1	−0,1$_5$	−0,3$_5$	−0,4$_5$
L'Odet { Quimper	48 00	4 06 W		+0 45	+0 23			+0,0$_5$	−0,0$_5$		
Îles de Glénan (Penfret)	47 44	3 57 W	2,87	+0 06	−0 02	−0 04	−0 02	0,0	−0,0$_5$	−0,1	0,0
PORT-TUDY pages : 117-121	**47 39**	**3 27 W**	**3,06**	**5 19** **17 19**	**11 28** **23 28**	**5 17** **17 17**	**11 28** **23 28**	**5,1$_5$**	**4,0$_5$**	**2,1**	**0,9$_5$**
Port-Louis (Locmalo)	47 42	3 21 W	3,04	+0 08	−0 06	−0 03	+0 03	+0,0$_5$	0,0	0,0	−0,0$_5$
Lorient	47 45	3 21 W	3,04	+0 04	+0 07	+0 05	+0 05	+0,0$_5$	0,0	−0,0$_5$	−0,0$_5$
Hennebont	47 48	3 17 W	3,01	+0 07	+0 13	+0 16	+0 29	+0,1$_5$	0,0	−0,2$_5$	−0,1$_5$
Portivy	47 32	3 09 W		+0 16				+0,1$_5$			
Port-Maria	47 29	3 08 W	2,90	+0 05	+0 02	+0 03	+0 07	0,0	−0,1$_5$	−0,3	−0,2
PORT-NAVALO pages : 123-127	**47 33**	**2 55 W**	**2,90**	**5 45** **17 45**	**11 55** **23 55**	**5 38** **17 38**	**11 51** **23 51**	**5,0$_5$**	**3,9$_5$**	**1,9**	**0,7$_5$**
Port-Haliguen	47 29	3 06 W	2,98	−0 14	−0 22	−0 14	−0 15	+0,2	+0,1	+0,0$_5$	−0,1
Belle-Île (Le Palais)	47 21	3 09 W	3,01	−0 21	−0 34	−0 20	−0 18	+0,1$_5$	+0,0$_5$	+0,1$_5$	+0,0$_5$
La Trinité-sur-Mer	47 35	3 01 W	3,08	−0 13	−0 17	−0 13	−0 17	+0,3$_5$	+0,2$_5$	+0,1$_5$	−0,0$_5$

Pour se rapporter à l'heure d'été (heures UT + 2 h) ajouter une heure aux heures indiquées au port principal de référence.

AUSZUG AUS DEN GEZEITENTAFELN 1991 DES S. H. O. M., BAND I, FRANZÖSISCHE HÄFEN, REPRODUZIERT ENTSPRECHEND GENEHMIGUNGSNUMMER 74/92.

CHANNEL ISLANDS - ST. HELIER

LAT 49°11'N LONG 2°07'W

TIME ZONE UT(GMT) — TIMES AND HEIGHTS OF HIGH AND LOW WATERS — YEAR **1991**

MAY

Day		TIME	M	TIME	M	TIME	M	TIME	M
1	W	0204	1.6	0745	10.3	1415	2.0	1959	10.2
2	TH	0233	2.0	0816	9.8	1443	2.4	2029	9.8
3	F	0303	2.4	0846	9.4	1512	2.9	2056	9.4
4	SA	0334	2.9	0915	8.9	1545	3.3	2125	8.9
5	SU	0410	3.3	0948	8.5	1621	3.7	2203	8.5
6	M	0452	3.7	1033	8.0	1709	4.0	2254	8.1
7	TU	0547	3.9	1137	7.7	1811	4.2		
8	W	0011	7.8	0655	4.0	1306	7.7	1926	4.2
9	TH	0144	8.0	0812	3.8	1427	8.1	2049	3.9
10	F	0256	8.5	0925	3.4	1528	8.8	2200	3.3
11	SA	0353	9.2	1028	2.7	1619	9.5	2258	2.6
12	SU	0442	9.9	1120	2.1	1705	10.2	2349	2.0
13	M	0529	10.5	1208	1.7	1749	10.8		
14	TU ●	0035	1.5	0612	11.0	1253	1.4	1832	11.2
15	W	0120	1.3	0657	11.2	1338	1.3	1914	11.3
16	TH	0205	1.2	0742	11.1	1423	1.4	1958	11.2
17	F	0250	1.3	0827	10.8	1510	1.7	2044	10.8
18	SA	0338	1.7	0917	10.3	1557	2.1	2134	10.3
19	SU	0427	2.1	1010	9.7	1649	2.6	2227	9.7
20	M	0522	2.6	1112	9.2	1747	3.1	2332	9.2
21	TU	0624	2.9	1222	8.8	1852	3.4		
22	W	0043	8.9	0731	3.1	1335	8.7	2002	3.4
23	TH	0158	8.8	0843	3.1	1442	8.9	2112	3.2
24	F	0303	9.0	0948	2.9	1538	9.2	2213	2.9
25	SA	0357	9.4	1042	2.6	1626	9.6	2305	2.5
26	SU	0445	9.7	1129	2.4	1709	9.9	2350	2.2
27	M	0529	9.9	1208	2.2	1749	10.1		
28	TU ○	0029	2.0	0610	10.1	1245	2.1	1827	10.2
29	W	0106	1.9	0648	10.1	1320	2.1	1903	10.2
30	TH	0141	2.0	0724	9.9	1354	2.3	1938	10.1
31	F	0215	2.1	0758	9.7	1426	2.5	2011	9.8

JUNE

Day		TIME	M	TIME	M	TIME	M	TIME	M
1	SA	0247	2.3	0832	9.4	1458	2.7	2043	9.5
2	SU	0319	2.6	0904	9.1	1531	3.0	2115	9.2
3	M	0355	2.8	0938	8.8	1604	3.2	2150	8.9
4	TU	0431	3.1	1017	8.6	1645	3.5	2234	8.7
5	W	0515	3.3	1105	8.4	1733	3.7	2327	8.5
6	TH	0607	3.5	1205	8.3	1832	3.8		
7	F	0035	8.4	0709	3.5	1316	8.3	1942	3.8
8	SA	0149	8.5	0820	3.4	1427	8.7	2100	3.5
9	SU	0301	8.9	0934	3.1	1534	9.2	2213	3.0
10	M	0404	9.4	1041	2.6	1631	9.8	2318	2.4
11	TU	0502	10.0	1142	2.1	1725	10.4		
12	W ●	0014	1.8	0556	10.5	1235	1.7	1815	10.9
13	TH	0106	1.4	0646	10.9	1327	1.4	1904	11.2
14	F	0157	1.1	0735	11.0	1416	1.3	1952	11.3
15	SA	0244	1.0	0825	10.9	1504	1.4	2040	11.1
16	SU	0332	1.2	0912	10.6	1552	1.7	2128	10.7
17	M	0420	1.6	1003	10.2	1640	2.1	2217	10.2
18	TU	0508	2.0	1054	9.7	1729	2.6	2309	9.7
19	W	0558	2.6	1149	9.2	1819	3.0		
20	TH	0005	9.2	0652	3.0	1248	8.9	1917	3.4
21	F	0109	8.8	0751	3.4	1349	8.7	2019	3.6
22	SA	0213	8.6	0854	3.5	1451	8.7	2124	3.6
23	SU	0317	8.7	0955	3.5	1548	8.9	2224	3.3
24	M	0413	8.9	1049	3.2	1638	9.2	2318	3.0
25	TU	0504	9.2	1137	3.0	1723	9.6		
26	W	0004	2.6	0549	9.5	1221	2.7	1807	9.9
27	TH ○	0046	2.3	0629	9.7	1300	2.4	1846	10.0
28	F	0124	2.1	0709	9.8	1337	2.3	1923	10.1
29	SA	0159	2.0	0744	9.8	1412	2.3	1958	10.1
30	SU	0233	2.0	0819	9.7	1444	2.3	2030	9.9

JULY

Day		TIME	M	TIME	M	TIME	M	TIME	M
1	M	0305	2.1	0850	9.6	1515	2.5	2103	9.7
2	TU	0335	2.3	0922	9.4	1546	2.7	2134	9.5
3	W	0407	2.5	0955	9.2	1619	2.9	2209	9.3
4	TH	0442	2.7	1033	9.0	1658	3.1	2251	9.1
5	F	0526	3.0	1119	8.8	1749	3.4	2343	8.8
6	SA	0621	3.3	1218	8.6	1852	3.6		
7	SU	0052	8.5	0730	3.5	1333	8.6	2012	3.7
8	M	0216	8.5	0851	3.4	1456	8.8	2139	3.4
9	TU	0339	8.9	1013	3.1	1610	9.4	2258	2.7
10	W	0448	9.5	1125	2.5	1713	10.1		
11	TH ●	0003	2.0	0547	10.2	1225	1.8	1808	10.8
12	F	0057	1.3	0641	10.8	1319	1.2	1857	11.3
13	SA	0148	0.8	0728	11.2	1406	0.9	1945	11.5
14	SU	0234	0.6	0815	11.2	1453	0.9	2030	11.5
15	M	0319	0.7	0900	11.1	1536	1.2	2114	11.1
16	TU	0402	1.2	0943	10.6	1619	1.7	2156	10.6
17	W	0442	1.8	1026	10.1	1659	2.3	2240	10.0
18	TH	0523	2.5	1109	9.5	1742	2.9	2325	9.3
19	F	0605	3.1	1157	8.9	1827	3.5		
20	SA	0015	8.7	0653	3.7	1252	8.4	1921	4.0
21	SU	0119	8.2	0752	4.1	1401	8.2	2029	4.2
22	M	0234	8.1	0903	4.2	1512	8.3	2143	4.0
23	TU	0348	8.3	1014	3.9	1616	8.7	2251	3.6
24	W	0445	8.7	1113	3.5	1706	9.2	2344	3.0
25	TH	0532	9.2	1203	2.9	1750	9.7		
26	F ○	0029	2.4	0614	9.7	1245	2.4	1829	10.1
27	SA	0107	2.0	0650	10.0	1321	2.1	1906	10.4
28	SU	0142	1.7	0727	10.2	1355	1.9	1940	10.5
29	M	0215	1.6	0759	10.3	1426	1.9	2012	10.5
30	TU	0244	1.7	0830	10.2	1456	2.0	2042	10.3
31	W	0312	1.9	0858	10.0	1524	2.2	2111	10.1

AUGUST

Day		TIME	M	TIME	M	TIME	M	TIME	M
1	TH	0341	2.1	0928	9.8	1553	2.5	2143	9.9
2	F	0413	2.4	1002	9.6	1628	2.8	2220	9.5
3	SA	0452	2.9	1041	9.2	1715	3.2	2305	9.0
4	SU	0546	3.3	1134	8.8	1819	3.7		
5	M	0011	8.4	0657	3.7	1253	8.4	1944	3.9
6	TU	0149	8.1	0826	3.8	1437	8.4	2122	3.6
7	W	0334	8.5	1000	3.4	1604	9.1	2249	2.8
8	TH	0447	9.4	1116	2.6	1708	10.0	2356	1.9
9	F	0542	10.2	1217	1.7	1800	10.9		
10	SA ●	0048	1.0	0631	11.0	1307	1.0	1846	11.5
11	SU	0135	0.5	0714	11.4	1352	0.6	1930	11.8
12	M	0218	0.3	0757	11.6	1434	0.6	2011	11.7
13	TU	0258	0.6	0836	11.3	1512	0.9	2050	11.4
14	W	0335	1.1	0914	10.9	1549	1.5	2128	10.8
15	TH	0409	1.8	0950	10.2	1624	2.2	2204	10.0
16	F	0442	2.6	1027	9.5	1658	3.0	2241	9.2
17	SA	0516	3.4	1105	8.8	1737	3.7	2322	8.5
18	SU	0558	4.0	1151	8.2	1828	4.3		
19	M	0021	7.8	0656	4.5	1304	7.8	1938	4.6
20	TU	0155	7.6	0815	4.7	1444	7.8	2107	4.5
21	W	0328	7.8	0943	4.4	1557	8.4	2227	3.9
22	TH	0428	8.5	1054	3.7	1648	9.0	2325	3.1
23	F	0513	9.2	1143	3.0	1730	9.7		
24	SA	0008	2.4	0551	9.8	1225	2.3	1808	10.3
25	SU ○	0046	1.8	0628	10.3	1300	1.8	1842	10.8
26	M	0120	1.5	0702	10.7	1334	1.6	1916	11.0
27	TU	0151	1.3	0733	10.8	1404	1.6	1947	11.0
28	W	0220	1.4	0804	10.7	1433	1.7	2018	10.9
29	TH	0249	1.6	0832	10.6	1501	1.9	2047	10.6
30	F	0317	2.0	0901	10.3	1531	2.3	2118	10.2
31	SA	0349	2.4	0934	9.9	1607	2.8	2155	9.7

ANHANG B

BASIC-Programme: Allgemeine Hinweise

Die Programme auf den folgenden Seiten sind für den Taschenrechner Sharp PCE 500 geschrieben worden. Auf die Anwendung spezieller Befehle wurde soweit wie möglich verzichtet. Obwohl dieser Rechner bei Variablen keine *Zweiersignifikanz* hat (d. h., der Rechner kann *Variablennamen* mit mehr als zwei Buchstaben voneinander unterscheiden), wurde wegen der leichteren Übertragbarkeit auf andere Systeme auf diese Möglichkeit verzichtet. Es wurde auch nicht besonders „elegant" programmiert, was ohnehin bei dem auf Taschenrechnern verfügbaren *BASIC* mit Schwierigkeiten verbunden ist. Wenn Sie ein wenig programmieren können, dürfte Ihnen das Umschreiben auf einen anderen Rechner nicht schwerfallen. Prüfen Sie zunächst, welche *Befehle* in den Programmen Ihr Rechner möglicherweise nicht aufweist. In der Regel unterscheiden sich die *Standardbefehle* der einzelnen Sharp- und Casio-Rechner aber kaum voneinander.
Schwierigkeiten könnte es vielleicht mit den Befehlen RESTORE H$ (Zeile 500 im Programm „Gezeiten") und RESUME 495 (Zeile 505 im gleichen Programm) geben. Der Befehl RESTORE H$ setzt den Data-Zeiger auf den Anfang der Daten (DATA) des ausgewählten Hafens. Bei RESUME 495 springt das Programm nach Feststellen einer Falscheingabe (nicht vorhandener Hafen, Tippfehler) wieder zur Zeile 495 zurück und fragt erneut nach dem Hafen.
Probleme könnten auch bei der Ausgabe auftreten. Der verwendete Rechner arbeitet mit einem *Vierzeilen-Display.* Wenn Ihr Rechner-Display weniger

Zeilen besitzt, müssen Sie die Programme unter Umständen etwas abändern. Aus diesem Grunde wurden die Ergebnisse auch nicht weiter (mit PRINT USING oder USING) formatiert, sondern in ganz einfacher Form ausgegeben.
Die REM-Zeilen dienen zur weiteren Erläuterung der Programme und brauchen natürlich nicht eingegeben zu werden. Ebenso können die Lesbarkeit verbessernde Leerstellen (spaces) in Befehlen oder Befehlsfolgen weggelassen werden.
Wie üblich, fordern Sie die Programme zur Eingabe der benötigten Werte auf, wobei das *Eingabeformat* bzw. die Art der Eingabe jeweils auf dem Display erscheint. So bedeutet die Angabe (HH.MM) bei der Abfrage der Uhrzeit, daß diese in Stunden (HH) und Minuten (MM) eingegeben werden muß. Stunden und Minuten sind durch einen Punkt (.) zu trennen.
Auf weitere Erläuterungen kann verzichtet werden, da der Programmablauf selbsterklärend ist. Zu jedem Programm sind außerdem direkt vor dem *Listing* spezielle Hinweise gegeben. Als weitere Hilfe finden Sie nach dem Listing jeweils zwei Anwendungsbeispiele, so daß eigentlich keine Schwierigkeiten mehr auftreten sollten.
Bis auf wenige Ausnahmen sind die Programme nicht gegen fehlerhafte Eingaben geschützt. Sie genügen schon deswegen nicht professionellen Ansprüchen. Vielmehr sind sie als Anregung zu eigenen Untersuchungen gedacht.
Selbstverständlich kann die Software auch auf einen PC oder Laptop übertragen werden. Interessant wäre das vor allem beim Programm „Gezeiten". Sie könnten die Zeitdifferenz (DT) bzw. die Schrittweite (SW) auf eine Minute verkürzen und durch Grafikeinsatz die Tidenkurven darstellen. Ein moderner PC oder Laptop würde die Ergebnisse dann nach einer oder höchstens einigen Sekunden liefern.

BASIC-Programme zur Gezeitenrechnung

Höhe der Gezeit

Hinweise: Das Programm ermöglicht die Berechnung der Höhe der Gezeit zu einem beliebigen Zeitpunkt zwischen Hoch- und Niedrigwasserzeit. Dazu müssen nur die entsprechenden Hoch- und Niedrigwasserzeiten und die zugehörigen Hoch- und Niedrigwasserhöhen sowie die Uhrzeit eingegeben werden. Die Zeiten müssen das gleiche Zeitmaß haben, in der Regel also MEZ oder MESZ.

Speicherbedarf: 1,072 kB (mit REM-Zeilen)

Programmlisting:

```
1 REM *********************** HOEHE DER GEZEIT ***********************
2 REM *********************** FUER SHARP PCE500 **********************
3 REM *********************** W. K. 12/91 ****************************
4 REM
5 REM * VARIABLENBEZEICHNUNGEN:
6 REM * NZ:NIEDRIGWASSERZEIT, HZ:HOCHWASSERZEIT,
7 REM * NH:NIEDRIGWASSERHOEHE, HH:HOCHWASSERHOEHE,
8 REM * ZP:ZEITPUNKT ZWISCHEN HOCH- UND NIEDRIGWASSERZEIT,
9 REM * ZU:ZEITUNTERSCHIED ZWISCHEN ZP UND HZ, DA: STEIG-
10 REM * BZW. FALLDAUER, H:HOEHE DER GEZEIT,
11 REM * H1, H2, H3, Z: HILFSVARIABLE
12 REM * PROGRAMM
15 CLS
20 INPUT "NWZ? (HH.MM) ";NZ
25 H1=NZ:GOSUB85:NZ=H2
30 INPUT "NWH? (M) ";NH
35 INPUT "HWZ? (HH.MM) ";HZ
40 H1=HZ:GOSUB85:HZ=H2
45 GOSUB90:DA=Z
50 INPUT "HWH? (M) ";HH
55 INPUT "UHRZEIT? (HH.MM) ";ZP
60 H1=ZP:GOSUB85:ZP=H2
65 NZ=ZP:GOSUB90:ZU=Z
70 H=NH+(HH-NH)*(COS(90*ZU/DA))^2
75 PRINT "H =";(.1*INT((ABS H+.05)*10))*SGN H;"METER"
80 END
85 H3=INT H1:H2=H3+(H1-H3)*5/3:RETURN
90 IF HZ-NZ>10 THEN LET Z=24-HZ+NZ:RETURN
95 IF HZ-NZ<-10 THEN LET Z=HZ-NZ+24:RETURN
100 Z=ABS(HZ-NZ)
105 RETURN
```

Anwendungsbeispiele:

```
NWZ? (HH.MM) 14.30
NWH? (M) 0.3
HWZ? (HH.MM) 20.51
HWH? (M) 3.5
UHRZEIT? (HH.MM) 17.45

H = 2 METER


NWZ? (HH.MM) 22.55
NWH? (M) -0.1
HWZ? (HH.MM) 16.35
HWH? (M) 4.4
UHRZEIT? (HH.MM) 19.15

H = 2.7 METER
```

Höhe der Gezeit bei mehreren Tiden

Hinweise: Das Programm ermöglicht die Berechnung der Höhe der Gezeit für einen ausgewählten Ort zu einem beliebigen Zeitpunkt. Voraussetzung ist, daß der Anwender für den ihn interessierenden Zeitraum und für diesen Ort das jeweilige Datum, die Hoch- und Niedrigwasserzeiten und die Hoch- und Niedrigwasserhöhen in das Programm eingesetzt hat. Außerdem muß die Gesamtzahl der Hoch- und Niedrigwasser vorher im Programm festgelegt werden. Hoch- und Niedrigwasserzeiten müssen das gleiche Zeitmaß haben wie die abgefragte Uhrzeit (in der Regel also MEZ oder MESZ). Als Beispiel sind die Werte für Bremerhaven vom 10. 6. 1991 bis zum 12. 6. 1991 programmiert.
In Zeile 220 steht die Gesamtzahl der im Beispiel verwendeten Hoch- und Niedrigwasser (11). In den Zeilen 225 bis 240 befinden sich das jeweilige Datum und die Zeiten und Höhen. Die Daten beginnen mit dem 10. 6. 1991 und einem Niedrigwasser um 04.47 von 0,1 m (im Programm ein Punkt, kein Komma!). Es folgt ebenfalls am 10. 6. 1991 ein Hochwasser um 11.04 mit 3,8 m usw.

Speicherbedarf: 1,856 kB (mit REM-Zeilen)

Programmlisting:

```
200 REM ************* HOEHE DER GEZEIT BEI MEHREREN TIDEN ************
201 REM ************* FUER SHARP PCE500 ******************************
202 REM ************* W. K. 12/91 **********************************
203 REM
204 REM * VARIABLENBEZEICHNUNGEN:
205 REM * D:TAG, MO:MONAT, Y:JAHR, ZT:UHRZEIT, AZ:ANZAHL DER HOCH-
206 REM * BZW. NIEDRIGWASSER, H(I):HOCH- BZW. NIEDRIGWASSERHOEHE, NH:
207 REM * NIEDRIGWASSERHOEHE, TW:TIDENSTIEG BZW. TIDENFALL, ZU: ZEIT-
208 REM * UNTERSCHIED ZUM NAECHSTEN HOCHWASSER, DA:STEIGDAUER BZW.
209 REM * FALLDAUER. ALLE ANDEREN VARIABLEN SIND HILFSVARIABLE.
210 REM * PROGRAMM
215 CLS
220 DATA 11
225 DATA 10,06,1991,04.47,0.1,10,06,1991,11.04,3.8,10,06,1991,
    17.17,0.1
230 DATA 10,06,1991,23.25,3.9,11,06,1991,05.50,0.0,11,06,1991,
    11.59,3.9
235 DATA 11,06,1991,18.20,0.0,12,06,1991,00.23,4.0,12,06,1991,
    06.49,0.0
240 DATA 12,06,1991,12.51,4.0,12,06,1991,19.19,-0.1
245 READ AZ
250 DIM Z(AZ+1),H(AZ+1)
255 FOR I=1 TO AZ
260 READ D,MO,Y,ZT,H(I)
265 GOSUB 360:Z(I)=MJ
270 NEXT I
275 INPUT "TAG? (1 BIS 31) ";D
280 INPUT "MONAT? (1 BIS 12) ";MO
285 INPUT "JAHR? (VIERSTELLIG) ";Y
290 INPUT "UHRZEIT? (HH.MM) ";ZT
295 IF D>31 OR D<1 THEN GOSUB 380
300 IF MO>12 OR MO<1 THEN GOSUB 380
305 IF Y<1950 OR Y>2050 THEN GOSUB 380
310 GOSUB 360:ZP=MJ
315 IF ZP<Z(1) OR ZP>Z(AZ) THEN GOSUB 380
320 FOR I=1 TO AZ
325 IF Z(I)<=ZP AND Z(I+1)>=ZP THEN LET DA=Z(I+1)-Z(I):ZU=Z(I+1)-
ZP:ELSE GOTO 340
330 IF H(I+1)>H(I)THEN LET NH=H(I):TW=H(I+1)-H(I):ELSE LET ZU=ZP-
Z(I):NH=H(I+1):TW=H(I)-H(I+1)
340 NEXT I
345 H=NH+TW*(COS (90*ZU/DA))^2
350 CLS:PRINT D;MO;Y:PRINT INT ZT;"H";(ZT-INT ZT)*100;"M";
355 PRINT (.1*INT ((ABS H+.05)*10))*SGN H;"METER":END
360 ST=INT (ZT)
365 TI=ST+(ZT-ST)*5/3
370 MJ=367*Y-INT (7*(Y+INT ((MO+9)/12))/4)+INT (275*MO/9)+D-
678987+TI/24
375 RETURN
380 PRINT "FALSCHE WERTE EINGEGEBEN!":END
```

Anwendungsbeispiele:

```
TAG? (1 BIS 31) 10
MONAT? (1 BIS 12) 6
JAHR? (VIERSTELLIG) 1991
UHRZEIT? (HH.MM) 10.00

10  6  1991
10 H 0 M 3.5 METER


TAG? (1 BIS 31) 12
MONAT? (1 BIS 12) 6
JAHR? (VIERSTELLIG) 1991
UHRZEIT? (HH.MM) 16.15

12  6  1991
16 H 15 M 1.8 METER
```

Gezeiten

Hinweise: Das Programm berechnet nach Wahl entweder die Höhe der Gezeit für einen beliebigen Zeitpunkt, oder es bestimmt für einen beliebigen Tag alle Hoch- und Niedrigwasserzeiten und Hoch- und Niedrigwasserhöhen. In der vorliegenden Form ist die Anwendung des Programms beschränkt auf Brest, Helgoland und St. Malo. Für diese Orte sind Berechnungen bis zum 28. Februar 2100 möglich. Die Uhrzeit muß in MEZ eingegeben werden. Die Bestimmung der Werte für einen ganzen Tag dauert auf dem Taschenrechner etwa sechs Minuten. Die Ergebnisse dieser Rechnung bleiben ungefähr eine Minute auf dem Display stehen, bevor sie eine Zeile nach oben wandern.
Um die Berechnungszeit für den Taschenrechner in Grenzen zu halten, wurde die Zeitdifferenz zwischen den Berechnungszeitpunkten (DT) bzw. die Schrittweite (SW) zu 15 Minuten gewählt. Wenn Sie diese Differenz verkürzen möchten, müssen Sie die Dimensionierung in Zeile 435 und die Endwerte in den FOR...NEXT-Schleifen (Zeile 470 und 730) entsprechend ändern. Um auch nahe bei 24.00 liegende Werte erfassen zu können, wurde in Zeile 530 die Zeit einen ganzen Tag (GT + 1) weitergezählt plus eine halbe Stunde (+ 1/48).

Es ist zu beachten, daß wegen der erforderlichen vereinfachten Berechnungsmethode größere Abweichungen von den in den Gezeitentafeln vorausberechneten Werten auftreten können.

Speicherbedarf: 4,012 kB (mit REM-Zeilen)

Programmlisting:

```
400 REM *************************** GEZEITEN ***************************
401 REM ************************** FUER SHARP PCE500 *****************
402 REM ************************** W. K. 12/91 ***********************
403 REM
404 REM * VARIABLENBEZEICHNUNGEN:
405 REM * D:TAG, MO:MONAT, Y:JAHR, ZT UND ZP:UHRZEIT, H$:NAME DES HA-
406 REM * FENS, DT:ZEITDIFFERENZ ZWISCHEN BERECHNUNGSZEITPUNKTEN IN
407 REM * STUNDEN, SW:DT IN TAGE UMGERECHNET, H() UND Z():ARRAYS FUER
408 REM * BERECHNETE HOEHEN UND ZEITEN, AI UND GI:AMPLITUDEN UND PHA-
409 REM * SEN DER TEILTIDEN. ALLE ANDEREN VARIABLEN SIND  HILFSVARIAB-
410 REM * LE ODER SIE BEZEICHNEN ASTRONOMISCHE BZW: GEZEITENGROESSEN.
411 REM * PROGRAMM
415 CLS :CLEAR
420 "BREST" DATA 58,20,67,65,418,2160,755,19,54,34,230,294,342,89,123,
    142,182,117,164,239,445
425 "HELGOLAND" DATA 122,29,92,64,175,1086,289,25,70,43,288,186,249,
    36,313,341,48,181,206,266,142
430 "ST.MALO" DATA 54,24,88,90,720,3680,1432,101,273,206,224,330,354,
    126,190,208,258,315,337,35,671
435 DIM H(98), Z(98)
440 INPUT "TAGESWERTE ODER BEST. ZEITPUNKT? (T/Z) ";A$
445 INPUT "TAG? (1 BIS 31) ";D
450 INPUT "MONAT? (1 BIS 12) ";MO
455 INPUT "JAHR? (VIERSTELLIG) ";Y
460 IF A$="Z" THEN 485
465 ZP=0:Z(0)=0:DT=15/60:SW=DT/24
470 FOR ZL=1 TO 98
475 Z(ZL)=Z(ZL-1)+DT
480 NEXT ZL:GOTO 495
485 INPUT "UHRZEIT (MEZ)? (HH.MM) ";ZT:DT=0
490 ZP=(ZT-INT (ZT))*5/3+INT ZT
495 INPUT "HAFEN? ";H$
500 ON ERROR GOTO 505:RESTORE H$ :GOTO 510
505 PRINT "NICHT IM VERZEICHNIS!":RESUME 495
510 CLS
515 IF A$="Z"THEN PRINT "EINIGE SEKUNDEN GEDULD!"ELSE PRINT "BITTE
    ETWA 6 MINUTEN WARTEN!"
520 READ A0,A1,A2,A3,A4,A5,A6,A7,A8,A9,G0,G1,G2,G3,G4,G5,G6,G7,G8,
    G9,Z0
525 GT=INT (30.6001*(1+MO+12*INT (1/(MO+1)+.7)))+INT (365.25*(Y-INT
    (1/(MO+1)+.7)))+D+ZP/24-723258
530 FOR GT =GT TO GT+1+1/48 STEP SW
535 S= 78.16001+13.17639673*GT
540 H= 279.82+.98564734*GT
545 P= 349.5+.11140408*GT
550 NS= 208.1+5.295392E-02*GT
```

```
555 RESTORE "DATEN"
560 AI = A0: GI = G0: GOSUB 800
565 AI = A3: GI = G3: GOSUB 800
570 AI = A2: GI = G2: GOSUB 800
575 AI = A1: GI = G1: GOSUB 800
580 AI = -A3/3:GI = G3: GOSUB 800
585 AI = A2/5.3: GI = G2: GOSUB 800
590 AI = A3/7.4: GI = G3: GOSUB 800
595 AI = A5: GI = G5: GOSUB 800
600 AI = A4: GI = G4: GOSUB 800
605 AI = A6: GI = G6: GOSUB 800
610 AI = A4/7.6: GI = G4: GOSUB 800
615 AI = A4/6.3: GI = G4: GOSUB 800
620 AI = A4/5.3: GI = G4: GOSUB 800
625 AI = -A5/35: GI = G5: GOSUB 800
630 AI = A6/3.7: GI = G6: GOSUB 800
635 AI = A6/17: GI = G6 - 283: GOSUB 800
640 AI = -A5/27: GI = G5: GOSUB 800
645 AI = A6/12: GI = G6: GOSUB 800
650 AI = A7: GI = G7: GOSUB 800
655 AI = A8: GI = G8: GOSUB 800
660 AI = A9: GI = G9: GOSUB 800
665 H(ZA)=WE/1000+Z0/100
670 IF A$="T" THEN 700
675 CLS :BEEP 3
680 WAIT 250:PRINT "ACHTUNG! NUR ANHALTSWERTE!"
685 WAIT 0:CLS
690 PRINT INT (ZT);"H";(ZT-INT (ZT))*100;"M";
695 PRINT .1*INT ((ABS H(I)+.05)*10)*SGN H(I);"METER":END
700 ZA=ZA+1
705 WE=0:ZP=ZP+DT:IF ZP>24 THEN LET ZP=ZP-24
710 NEXT GT
715 CLS :BEEP 3
720 WAIT 250:PRINT "ACHTUNG! NUR ANHALTSWERTE!"
725 WAIT 0:CLS
730 FOR I=1 TO 97
735 IF H(I)<H(I-1) AND H(I)<H(I+1) AND Z(I) < 24 THEN 745
740 IF H(I)>H(I-1) AND H(I)>H(I+1) AND Z(I) < 24 THEN 770 ELSE 790
745 PRINT "NW";INT (Z(I));"H";
750 MI=(Z(I)-INT (Z(I)))*60
755 PRINT INT (MI+.5);"M";
760 PRINT .1*INT ((ABS H(I)+.05)*10)*SGN H(I);"METER"
765 GOTO 790
770 PRINT "HW";INT (Z(I));"H";
775 MI=(Z(I)-INT (Z(I)))*60
780 PRINT INT (MI+.5);"M";
785 PRINT .1*INT ((ABS H(I)+.05)*10)*SGN H(I);"METER"
790 NEXT I:FOR I=1 TO 45000:NEXT
795 END
800 READ J,N1,N2,N3,N4,N6
805 VI=15*J*ZP+N1*S+N2*H+N3*P+N4*NS+N6*90
810 WE=WE+AI*COS (VI-GI)
815 RETURN
820 "DATEN" DATA 0,0,1,0,0,0
825 DATA 1,0,1,0,0,1
830 DATA 1,-2,1,0,0,-1
835 DATA 1,-3,1,1,0,-1
840 DATA 1,0,-1,0,0,1
```

```
845 DATA 1,-2,1,0,-1,-1
850 DATA 1,0,1,0,1,1
855 DATA 2,-2,2,0,0,0
860 DATA 2,-3,2,1,0,0
865 DATA 2,0,0,0,0,0
870 DATA 2,-4,2,2,0,0
875 DATA 2,-4,4,0,0,0
880 DATA 2,-3,4,-1,0,0
885 DATA 2,-1,2,-1,0,0
890 DATA 2,0,2,0,0,0
895 DATA 2,0,-1,0,0,0
900 DATA 2,-2,2,0,-1,0
905 DATA 2,0,2,0,1,0
910 DATA 4,-5,4,1,0,0
915 DATA 4,-4,4,0,0,0
920 DATA 4,-2,2,0,0,0
```

Anwendungsbeispiele:

```
TAGESWERTE ODER BEST. ZEITPUNKT? (T/Z) Z
TAG? (1 BIS 31) 5
MONAT? (1 BIS 12) 8
JAHR? (VIERSTELLIG) 1991
UHRZEIT? (HH.MM) 16.15
HAFEN? HELGOLAND

EINIGE SEKUNDEN GEDULD!

ACHTUNG! NUR ANHALTSWERTE!

16 H 15 M 1.6 METER


TAGESWERTE ODER BEST. ZEITPUNKT? (T/Z) T
TAG? (1 BIS 31) 14
MONAT? (1 BIS 12) 7
JAHR? (VIERSTELLIG) 1991
HAFEN? BREST

BITTE ETWA 6 MINUTEN WARTEN!

ACHTUNG! NUR ANHALTSWERTE!

NW 0 H 45 M 1 METER
HW 6 H 45 M 7.5 METER
NW 13 H 0 M 1.2 METER
HW 19 H 0 M 7.7 METER
```

ANHANG C

Lösungen der Übungsaufgaben

Seite 19:

1. b)
2. 14.05 MEZ, 0,3 m, 15.05 MESZ
3. 08.24 MEZ, 6,1 m, 09.24 MESZ
4. TS 3,7 m, SD 06.06, TF 3,9 m, FD 06.17, TH 3,8 m

Seite 22:

1. a) SpZ, b) NpZ, c) NpZ
2. BZO Brest, SpZ, TS 5,9 m, SD 05.58, TF 5,8 m, FD 06.18, TH 5,9 (5,85) m
3. BZO Helgoland, NpZ, 1. NW 02.13 MEZ, – 0,1 m, 1. HW 08.38 MEZ, 2,0 m, 2. NW 14.32 MEZ, 0,1 m, 2. HW 21.01 MEZ, 2,3 m, TS 2,1 m, SD 06.25, TF 1,9 m, FD 05.54, TH 2,0 m
4. BZO Helgoland, SpZ, TS 1,8 m, SD 05.58, TF 1,8 m, FD 06.30, TH 1,8 m

Seite 26:

1. NpZ, 07.00 MESZ = 06.00 MEZ, $H \approx 1{,}8$ m
2. 17.00 MESZ = 16.00 MEZ, also etwa 3 Stunden nach HW. Die wahrscheinliche Tidenkurve deckt sich praktisch mit der ausgedruckten mittleren Springtidenkurve. $H \approx 4{,}1$ m

Seite 30:

1. BZO Brest, MtZ, 16.30 MESZ = 15.30 MEZ. Für die Höhenunterschiede der Gezeit sind wegen der MtZ die Mittelwerte von Sp und Np zu verwenden. ZU 03.48, SD 05.51, TS 4,2 m. Höhenunterschied gegen NWH ≈ 1,1 m, H ≈ 1,1 m + 1,7 m (NWH) = 2,8 m
2. BZO Büsum, das Alter der Gezeit braucht hier nicht bestimmt zu werden. 20.00 MESZ = 19.00 MEZ. ZU 01.55, SD 06.19, TS 2,9 m. Höhenunterschied gegen NWH ≈ 2,3 m, H ≈ 2,6 m
3. Etwas genauer gerechnet: Zeitpunkt liegt etwa 4,5 Stunden nach *NW*. TS/12 ≈ 0,24 m. In der 1. Stunde (von NWZ aus gerechnet) steigt das Wasser um 0,24 m, in der 2. Stunde um 0,48 m usw., in der Hälfte der 5. Stunde um 0,24 m, insgesamt ergeben sich also 2,4 m für den Höhenunterschied gegen NWH und H ≈ 2,7 m
4. ZU 02.58, FD 05.52, TF 3,9 m. Höhenunterschied gegen NWH ≈ 1,9 m, H ≈ 2,5 m. Wegen der hier sehr starken Abweichung der mittleren Tidenkurve von der dem Nomogramm zugrunde liegenden Formel ergibt sich eine Differenz im Ergebnis von 1,6 m. Für BZO sollte man daher immer mit der wahrscheinlichen Tidenkurve arbeiten

Seite 46:

1. Dazu müßten Mond, Sonne und Erde zusätzlich in einer Ebene stehen
2. b)

Seite 50:

1. SpZ
2. MtZ
3. MtZ

Seite 51:

BZO Brest, NpZ, 14.15 MESZ = 13.15 MEZ, Verbesserungen: NW − 00.18, HW: − 00.09, HU ≈ 2,6 m, H ≈ 5,6 m

Seite 54:

1. c)
2. c)

Seite 62:

1. Es gibt zwei Vorzugsrichtungen des Stromes und zweimal Stillwasser
2. BZO Helgoland, SpZ, 12.00 MESZ = 11.00 MEZ, 2 3/4, rund 3 Stunden vor HW Helgoland, Strom 075°, 1 kn
3. 07.30 MESZ = 06.30 MEZ. BZO Bremerhaven, SpZ. HW Bremerhaven 03.34 MEZ, das heißt, etwa 3 Stunden nach HW. Stromstärke etwa 3 kn

Seite 67:

a) 3,2 bis 3,4 m
b) 3,5 bis 3,7 m, praktisch keine Abweichungen

Seite 83:

1. 21.00 MESZ = 20.00 MEZ. H ≈ 3,0 m. Das nächste NW in Büsum beträgt 0,6 m. Tiefgang + 0,5 m = 1,3 m erforderliche Wassertiefe. Erforderliche Kartentiefe am Ankerplatz = 1,3 m − 0,6 m = 0,7 m. Also loten: 3,0 m + 0,7 m = 3,7 m
2. Etwa 4 dm niedriger als das mittlere HW
3. HW 15.16 MESZ = 14.16 MEZ, also nur geringe Abweichung gegen die erste Rechnung. Das Ergebnis ist im Prinzip das gleiche wie im Text
4. 07.15 MESZ = 06.15 MEZ, NpZ, BZO Bremerhaven, man kann hier mit den Werten von Dorumer Tief, Dorumer Siel (Nr. 735) rechnen
   a) Von 01.40 vor bis HW steigt Wasser um etwa 0,4 m, also ist H um 06.15 MEZ 3,0 m
   b) Das Wattenhoch fällt 1,2 m trocken. Erforderliche Höhe der Gezeit 1,2 m + 0,5 m + 1,2 m = 2,9 m. 07.00 MESZ = 06.00 MEZ, rund 2 Stunden vor HW. Zu diesem Zeitpunkt hätte man 3,4 m (HWH) – 0,5 m = 2,9 m Höhe der Gezeit
   c) Mittleres HW Bremerhaven 3,83 m. Wenn mit 3,8 m als dem ungünstigeren Fall gerechnet wird, folgt eine HWH von 3,6 m. Das Passieren wäre etwa eine halbe Stunde früher möglich

5. Verwenden der Werte von Friedrichskoog, BZO Büsum, NpZ, 18.20 MESZ = 17.20 MEZ. Das Wasser steigt bis HW (Büsum) noch um 0,5 m. Wir sind bei auflaufendem Wasser festgekommen, müßten also bald wieder freikommen

Seite 104:

1. a) NW 06.50 3,15 m, HW 12.57 6,9 m, NW 19.21 3,2 m
   b) Letztes Viertel (dernier quartier)
   c) NpZ
2. a) NW 07.03 3,2 m, HW 13.09 7,1 m, NW 19.34 3,25 m
   b) NW 02.15 1,15 m, HW 08.11 8,9 m, NW 14.40 1,35 m, HW 20.37 9,15 m
   c) In unserem Beispiel liegt am 6. Juni ein Tidenhub von 3,9 m, am 14. Juni ein Tidenhub von etwa 7,7 m vor. Insbesondere zur Springzeit am 14. Juni wird sich danach der Anblick dieses Gebietes zwischen HW und NW stark unterscheiden. Wegen der erheblich voneinander abweichenden Tidenhübe sind auch entsprechende Veränderungen zwischen Spring- und Nippzeit zu erwarten. So ist das Gebiet nordwestlich der Ile du Renard (48° 48,3′ N) am 14. Juni bei HW überflutet ($\underline{8}_8$), während es am 6. Juni bei HW nicht vollständig vom Wasser bedeckt ist.
3. a) NW 03.35 0,5 m, HW 09.14 11,4 m, NW 15.52 0,6 m, HW 21.30 11,8 m
   b) SpZ

Abkürzungen und Bezeichnungen der wichtigsten Gezeitenbegriffe

BZO	Bezugsort
FD	Falldauer
G. U.	Gezeitenunterschied
H	Höhe der Gezeit
HU	Höhenunterschied zur NWH
HUG	Höhenunterschied der Gezeit
HW	Hochwasser
HWH	Hochwasserhöhe
HWZ	Hochwasserzeit
KN	Kartennull
MtZ	Mittzeit
NN	Normalnull
NpHW	Nipphochwasser
NpNW	Nippniedrigwasser
NpZ	Nippzeit
NW	Niedrigwasser
NWH	Niedrigwasserhöhe
NWZ	Niedrigwasserzeit
SD	Steigdauer
SpHW	Springhochwasser
SpNW	Springniedrigwasser
SpV	Springverspätung
SpZ	Springzeit
TF	Tidenfall
TH	Tidenhub
TS	Tidenstieg
ZU	Zeitunterschied zum nächstgelegenen HW
ZUG	Zeitunterschied der Gezeit

Stichwortverzeichnis

Abbildungsnachweis

Abb. 2, 3, 25, 27, 28, 36: Kartenauszüge und Auszug Nordsee-Handbuch Östlicher Teil (Abb. 28) mit freundlicher Genehmigung des BSH.
Abb. 37: Kartenauszug mit freundlicher Genehmigung des S.H.O.M., Brest, Frankreich.
Abb. 31, 32 und 33: YACHT-Archiv.
Alle übrigen Abbildungen vom Verfasser.

Anhang A:

Auszüge aus den Gezeitentafeln 1991, Band I, dem Atlas der Gezeitenströme in der Deutschen Bucht und dem Nordsee-Handbuch Östlicher Teil mit freundlicher Genehmigung des BSH.

Auszüge aus Annuaire des marées, Tome 1, Ports de France, 1991 mit freundlicher Genehmigung des S.H.O.M., Brest, Frankreich. Auszug aus Admiralty Tide Tables, Volume 1, 1991 mit freundlicher Genehmigung des Hydrographic Office, Taunton, England.

Der Abdruck der Beilage (Ausschnitt aus der Seekarte 44) erfolgt mit freundlicher Genehmigung des BSH.

Dem BSH, dem Hydrographic Office, dem S.H.O.M. und der YACHT-Redaktion sei an dieser Stelle nochmals für die freundliche Unterstützung gedankt.